EU & MINHA MOTO

RODRIGO AZEVEDO

EU & MINHA MOTO

COMO UMA VIAGEM DE MOTO
SALVOU MINHA VIDA

Labrador

© Rodrigo Azevedo, 2024
Todos os direitos desta edição reservados à Editora Labrador.

Coordenação editorial Pamela Oliveira
Assistência editorial Leticia Oliveira, Jaqueline Corrêa
Projeto gráfico e capa Amanda Chagas
Diagramação Estúdio dS
Preparação de texto Lívia Lisbôa
Revisão Vinícius E. Russi
Imagem da capa Unsplash, Pexels e Freepik

Dados Internacionais de Catalogação na Publicação (CIP)
Jéssica de Oliveira Molinari - CRB-8/9852

Azevedo, Rodrigo
Eu & Minha Moto : como uma viagem de moto salvou minha vida / Rodrigo Azevedo.
São Paulo : Labrador, 2024.
192 p.

ISBN 978-65-5625-550-7

1. Azevedo, Rodrigo – Viagens – América Latina I. Título

24-0822   CDD 917.28

Índice para catálogo sistemático:
1. Azevedo, Rodrigo – Viagens – América Latina

Labrador

Diretor-geral Daniel Pinsky
Rua Dr. José Elias, 520, sala 1
Alto da Lapa | 05083-030 | São Paulo | SP
contato@editoralabrador.com.br | (11) 3641-7446
editoralabrador.com.br

A reprodução de qualquer parte desta obra é ilegal e configura uma apropriação indevida dos direitos intelectuais e patrimoniais do autor. A editora não é responsável pelo conteúdo deste livro. O autor conhece os fatos narrados, pelos quais é responsável, assim como se responsabiliza pelos juízos emitidos.

Dedico este livro primeiro a minha doce
amada Patrícia, minha mulher de vida,
meu porto seguro e minha incentivadora.
Uma santa que vem aguentando bravamente
todas as minhas maluquices e que me
fez querer ser um homem melhor.

Ao "Velho Vagabundo", Edinho Viana, meu irmão
também de vida, que torna as viagens bem mais
"emocionantes". Queria ter te conhecido mais cedo.

Minha mãezinha, "dona Gloria", guerreira que
segurou um rojão na minha criação e de meus
irmãos – vocês vão conhecê-la melhor aqui no livro
e vão entender o que estou falando...

Para meus filhotes, Giulia, Bruno e Daniel,
quero que este livro sirva de alguma
inspiração para realizar seus sonhos e
buscar o extraordinário dentro de vocês.

E, claro, a todos os **motoamigos e amigas**,
seguidores do canal *Eu e Minha Moto*, que
me apoiam incondicionalmente nas minhas
aventuras, assistindo aos vídeos, curtindo
e mandando mensagens de incentivo.

Obrigado.

SUMÁRIO

Introdução — 9
Viagem ao Alasca com trilha sonora — 13

Parte 1 - Águia — 17
Contribuición — 19
O chamado para a aventura — 22
Da Lagoa à Cidade de Deus — 27
O estilo de vida Harley-Davidson — 30
Empreendedorismo de merda — 34
Se eu não me fodo, eu não me divirto — 37
Na estrada para o Peru, passando por Marte — 41
Dualidade — 44
A morte na garupa — 47
A roda medicinal — 51

Parte 2 - Lobo — 53
Dois lobos — 55
Linhas ancestrais, estradas surreais — 58
"Atira, se você é homem!" — 61
Indo para onde a vontade nos levar — 65
Uma porrada inesquecível — 72
Minha banda de heavy-punk-metal-hardcore-thrash-metal-ultimate-unlimited com o Mr. Catra — 74
"Velho demais para essa merda" — 76
A história do fazendeiro — 80
América do Sul — 83

O vestido de noiva 85

América Central 90

A ideia que mudou tudo 99

Breaking Bad 101

Parte 3 - Búfalo 105

Graceland, nostalgia e a festa da Harley-Davidson 109

A rota mais lendária de todas 111

O "extra" em extraordinário 119

A nostalgia pede carona 122

Comandando meu futuro 127

On the road again 130

O longo adeus 135

Parte 4 - Urso 137

Barrados na fronteira do Canadá 139

Bora rodar... 143

Welcome to Canada, my friend 146

Legado 149

Enfim, Alasca 151

Aquele que você alimenta 157

Eu, minha moto e o impacto do canal na minha vida 161

Uma despedida amarga 163

Urso 167

Depoimentos dos seguidores do canal *Eu e Minha Moto* ... 170

Mapa 175

INTRODUÇÃO

"Aquela moto vai ser minha", pensei, a caminho da quebrada, com a grana no bolso.

1986. Eu era moleque, com quinze anos. Morava no Rio de Janeiro, no finalzinho da avenida Maracanã, onde começa a São Miguel, a rua do morro do Borel. Do outro lado, tinha o morro do Formiga. Era uma região barra-pesada, com gangue e tudo o que você possa imaginar.

Eu tinha colocado na minha cabeça que queria uma moto desde quando, criancinha, jogava *Full Throttle*. Eu queria ser aquele cara lá, aquilo era meu sonho. As motos significavam a liberdade tão desejada e uma espécie de poder de que um garoto da minha idade, crescendo em condições adversas, precisava.

Eu era um adolescente meio problemático, rebelde, porque os tempos não eram fáceis e eu não conseguia me conformar com as cartas que a vida tinha me dado. Queria mudar o jogo, mas ainda não sabia como. Entrei para uma gangue, desloquei meu ombro numa briga, fiz muita merda e só sobrevivi por muita, muita sorte.

Eu tinha uma bicicleta de padeiro, uma Brandani, que pesava uma tonelada, ruim pra caramba. O que importava, para mim, é que eu estava sobre duas rodas, onde queria estar. Usava a tal da bicicleta para ir para a praia, tentava deixá-la parecida com uma moto, colocava coisas nela para fazer barulho de moto e descia a serra do Alto da Boa Vista. Lembro-me de criar uns ganchos amarrados a umas cordinhas e prendê-los nos ônibus e carros que subiam a serra, desembestados; e eu, sem capacete, sem nada, sendo puxado por eles.

A tal da moto, que seria a primeira de 23, era uma RX 125 1979. Eu nem podia, naquela idade, comprar uma moto — não tinha habilitação, não tinha nada —, mas era o que estava prestes a fazer. Tinha juntado uns oitocentos reais e estava determinado a ser um motociclista.

Eu podia estar me metendo na maior enrascada da minha vida até então? Podia. Tinha encontrado a moto mais barata possível num anúncio, ligado para o cara de um orelhão, enfiado dinheiro vivo no bolso e estava rumo a uma quebrada que, apesar de ser meu hábitat natural, não era a *minha* quebrada. Só que eu nem pensava, estava alucinado pela ideia de montar numa moto e virar o cara que eu sonhava ser: o fodão que pilotava, usando jaqueta de couro, muito mais homem do que eu, muito mais macho, muito mais dono de si mesmo.

Chego lá. Só gente pobre como eu; alguns mal-encarados, outros tranquilos. Cheiro de cimento e churrasquinho vindos de algum lugar, os sons típicos de conversas, panelas de pressão chiando, buzinas à distância. Estufei o peito e ergui o queixo, crescendo uns 20 centímetros, na minha cabeça, e caminhei para conhecer o amor da minha vida.

A moto era um bagaço só: pingava óleo, o freio não funcionava, e eu tinha que ficar quase em pé, em cima dele, porque a pressão da ponta do pé não era suficiente. A lona já tinha se desgastado, e a embreagem era uma merda; para passar a marcha, era só na porrada, mas eu não via nada disso.

Não conseguia ver um defeito nela. Ela ligava. Acelerava. Andava. Eu só via uma moto espetacular.

Naquele dia, eu me apaixonei.

Embora a moto fosse uma RX 125, na favela eles tinham trocado o motor dela pelo de uma RX 180; então, imagine uma moto levinha, com um motor mais potente. Andava pra cacete, espirrando óleo para todos os lados.

Eu nunca tinha andado numa moto na minha vida. Tinha observado os outros, mas nunca tinha andado. Não tinha capacete ainda. Dei umas voltas rapidinhas na favela, só para pegar o *feeling* da coisa, e, sem pensar duas vezes, talvez nem uma vez, decidi voltar para casa.

Estou falando da Dutra, cara; o pior ambiente possível para se andar de moto. Carros correndo por todos os lados, e eu lá, pilotando pela primeira vez, feliz da vida, correndo um risco que até hoje me faz dar risada e balançar a cabeça.

Nascia um novo Rodrigo naquele dia.

Mesmo tendo grandes aspirações, mesmo sabendo aonde queria chegar, talvez eu não tivesse acreditado se alguém me contasse que, um dia, eu iria até o Alasca, a 30 mil quilômetros do Rio de Janeiro, numa das minhas oito Harley-Davidsons.

Só que, na vida, nada é linear. Não saí de um pesadelo para viver um sonho tão facilmente e, muito menos, de uma hora para a outra. Entre dormir ouvindo os tiroteios dos morros do Rio e me aninhar numa tenda nas noites brancas do Alasca, foi perrengue atrás de perrengue, luta, revolta e, finalmente, libertação. A vida sobre duas rodas te faz abraçar os aspectos mais sombrios da sua alma, mas oferece recompensa quando você chega ao destino e percebe que não há destino, só a viagem.

Eu te faço um convite para seguir nessa jornada comigo e ver as maravilhas que eu vi, entre mais de 700 mil quilômetros rodados, e entender como a moto foi a mais brutal e eficiente de todas as terapias que poderia ter escolhido.

Põe o capacete, senta na garupa e segura firme.

Rodrigo Azevedo

VIAGEM AO ALASCA COM TRILHA SONORA: UMA JORNADA ÉPICA COM A PANTERA NEGRA

Atravessar continentes em uma Harley-Davidson grandiosa como a Pantera Negra é uma experiência única e inesquecível. E o que torna essa aventura ainda mais especial é a trilha sonora que acompanha o trajeto. O sistema de som potente da moto, com seus quatro alto-falantes, transforma a viagem em um verdadeiro show particular, proporcionando momentos memoráveis e emocionantes.

A IMPORTÂNCIA DA MÚSICA NA ESTRADA

Para muitos, a música é a alma de uma viagem. Ela nos motiva, nos inspira e nos conecta com as paisagens e emoções que encontramos pelo caminho. Na estrada, a música assume um papel ainda mais importante, especialmente em viagens longas e intercontinentais. Ela se torna nossa companhia, nossa confidente e a trilha sonora de nossas aventuras.

TRILHA SONORA PARA O ALASCA

Ao longo da minha jornada épica ao Alasca, a música me acompanhou em cada quilômetro percorrido. Criei uma playlist especial com as músicas que mais marcaram essa experiência, dividindo-a em diferentes categorias para refletir os diferentes momentos da viagem:

1. **Elvis Presley: O Rei do Rock comanda a trilha**
   A jornada começa com o ritmo contagiante de Elvis Presley, o Rei do Rock and Roll. Sua voz inconfundível e suas músicas

atemporais me deram energia e inspiração desde os primeiros quilômetros.

2. **Country: A alma da estrada e o espírito livre dos cowboys**
Nas longas retas e paisagens desérticas, a trilha sonora se transforma em um autêntico country. As canções melancólicas e os ritmos contagiantes me conectaram com a alma da estrada e com o espírito livre dos cowboys, que também percorriam essas vastas planícies em seus cavalos de ferro.

3. **Rock and Roll: A trilha sonora atemporal para qualquer aventura**
O bom e velho rock and roll não podia faltar na trilha sonora dessa aventura épica. Sucessos de todos os tempos me acompanharam em momentos de alegria, reflexão e superação, tornando a viagem ainda mais inesquecível.

4. **Rock Brasil 80: A década dourada do rock brasileiro fecha a playlist com chave de ouro**
A jornada se encerra com a energia vibrante do Rock Brasil 80, a década dourada do rock nacional. As músicas marcantes dessa época me proporcionaram momentos de nostalgia, patriotismo e pura euforia, finalizando a viagem com um sentimento de plenitude e realização.

Compartilho essa playlist com você na esperança de inspirar suas próprias aventuras e despertar a paixão pela música e pelas viagens. Que ela te acompanhe em seus trajetos, te traga alegria, te motive a superar desafios e te faça vivenciar momentos únicos e inesquecíveis.

Acesse a playlist do livro pelo QR code, ou procure por "Eu e minha moto" no Spotify.

ÁGUIA

PARTE 1

Up ahead in the distance   "Logo mais adiante
I saw a shimmering light   Vi uma luz tremeluzindo
My head grew heavy and   Minha cabeça estava pesada
my sight grew dim   e minha visão turva
I had to stop for the night   Eu precisava parar
   para descansar"

"Hotel California" (Eagles)

CONTRIBUICIÓN

Eu e o Edinho já sabíamos que as fronteiras da América do Sul não seriam fáceis, mas nunca pensamos que seríamos parados cinco vezes na Argentina, por policiais sedentos por *plata* e dispostos a ferrar nossa viagem, se fosse preciso.

Esse é o tipo de situação que sempre surpreende as pessoas. Principalmente os seguidores do meu canal no YouTube, *Eu e Minha Moto*, que acompanham nossas aventuras sem saber muito sobre o meu passado.

É comum eu me deparar com a surpresa dos outros quando descrevo perrengues como esse, dos policiais, quando explico que viajamos do Rio de Janeiro até o Alasca de moto, passando por lugares barras-pesadas como a Nicarágua.

"Mas você não tem medo?", eles perguntam.

Não, a verdade é que não tenho. Se tivesse, não apenas seria totalmente sincero a respeito disso, mas meu receio também ficaria aparente no meu rosto, nos vídeos que gravamos. Esse destemor não é imprudência ou desrespeito pela vida: eu tenho família, eu quero voltar para casa.

Minha falta de medo vem da minha infância. Foi ela que me preparou para sorrir, aumentar o som da Harley e desmontar da moto, tirando o capacete e me aproximando do soldado armado, não com raiva por ele querer um dinheiro para liberar nossa passagem, mas com pena, porque dava para ver a escassez em cada ruga de seu rosto. Conheço intimamente essa escassez.

Sem meu passado para me guiar, eu teria feito o que muita gente faz: tentado enfrentar o cara. Em vez disso, eu o abordo com bom humor. Não sei há quanto tempo ele está sob o sol. Pesquiso no Google uma das músicas mais ouvidas de seu país e a transmito para o som poderoso da Harley, perguntando se ele curte a música, se ele gosta de rock n'roll. Acredite, isso desarma até o mais marrento dos homens. A cara de mau se desmancha num sorriso confuso e já sei que a conversa vai ser mais tranquila.

Com dezessete reais de "*contribuición*", um dos guardas ficou feliz e pude seguir viagem, sem irritação, sem problemas. Nas próximas paradas em que usei a mesma tática, eles me liberaram sem que eu pagasse nada.

> Leia o QR code para assistir ao episódio "Volta ao mundo de moto - Parado 5 vezes pela polícia na Argentina" no Youtube

---

Antes de ser pobre, tive uma vida confortável, num bairro nobre do Rio de Janeiro. Até meus quatro anos de idade, meu pai era dono de uma empresa especializada em interpretar imagens de satélite. Apesar de ser um negócio pequeno, ninguém mais fazia isso naquela época, então ele se deu bem, financeiramente.

Meu pai era excepcionalmente inteligente, chegando a estudar por dois anos na NASA, com as contas todas pagas pelo governo. Meio famosinho, ele tinha PhD e doutorado. Era um cara que estudava muito. Era meu herói.

Nesse contexto, cresci na Lagoa Rodrigo de Freitas, um bairro meganobre do Rio, até hoje entre os cinco mais caros do Brasil para se morar. Não éramos milionários, mas o apartamento era bacana. Era a década de 1970, e, durante a minha primeira infância, meu pai conseguiu fazer viagens ao exterior e andar de carro zero-quilômetro.

Tudo foi pelos ares por causa de um acidente.

Um dia, meu pai estava voltando do trabalho mais tarde e parou para beber num bar. Na volta para casa, ele perdeu o controle do carro, entrou embaixo de um caminhão e foi atingido na cabeça, indo para o hospital.

Não tenho lembranças disso. Tenho imagens, mas não sei se minha cabeça as desenhou a partir de fragmentos de conversas que ouvi ou se são, de fato, memórias (que posso ter editado — ou não — ao longo dos anos).

Ele perdeu o movimento das pernas e dos braços, e perdeu também a fala. Lembro-me vagamente dele, na cama, com aquelas bandagens na cabeça. A imagem não combinava com o homem forte que eu conhecia. Antes do acidente, ele era meio um ídolo para mim; aquela coisa de criança de endeusar o pai. Vê-lo no leito hospitalar foi, sem dúvidas, uma imagem marcante, e silenciosa, porque nem falar ele conseguia.

O mundo foi encolhendo. Nosso patrimônio era o apartamento da Lagoa, uma casa numa praia e uns dois carros. Minha mãe começou a vender tudo para pagar o tratamento do meu pai e lá se foram os dois imóveis.

Meu pai foi submetido a uma cirurgia, pois estava com uma hemorragia no cérebro, e, logo depois, conseguiu, aos poucos, recuperar o movimento e a fala. Tinha convulsões, então precisava tomar anticonvulsionantes, mas, pelo menos, estava voltando a ser ele mesmo. Até voltou a trabalhar na própria empresa.

No nosso apartamento alugado no Jardim Botânico, vimos a empresa gradualmente enfraquecer e, em menos de um ano, estávamos empacotando tudo para fazer uma nova mudança, dessa vez para uma casinha na Barra da Tijuca, que também não conseguimos pagar.

À medida que eu e meus irmãos crescíamos, nossas casas ficavam cada vez menores, numa espécie de releitura daquela cena clássica de *Alice no País das Maravilhas* — e tão aterrorizante quanto — em que ela cresce demais para a casinha em que está.

Viramos uma espécie de nômades na nossa cidade, migrando de lar em lar, numa época notória por suas incertezas econômicas.

Tudo estava prestes a piorar, quando o mito do meu pai se desfez diante dos nossos olhos e meus pais se separaram.

É curioso que, em meio a tantas mensagens de apoio e elogios aos vídeos no *Eu e Minha Moto*, eu e o Edinho também recebamos alguns comentários mais ácidos, com mensagens explícitas de que nossas vidas são fáceis. "Vida de rico é diferente", "Tirar essa onda com grana no bolso é fácil, quero ver duro", "Esse aí deu sorte na vida", escrevem, sem saber da minha origem e da minha jornada.

A verdade é que quem quer fazer o que fizemos consegue. As limitações e os obstáculos somos nós mesmos que colocamos. Isso eu faço questão de mostrar, nos vídeos do canal: como a viagem de moto é possível para todos, basta querer.

O CHAMADO PARA A AVENTURA

Não foi do nada que saí da minha casa com a intenção de atravessar as Américas numa Harley-Davidson. Primeiro, fiz uma viagem mais modesta, do Rio de Janeiro para Mendoza, na Argentina, onde acontece um encontro anual de Harley-Davidsons. Era uma viagem que o Edinho já havia feito, mas eu ainda não, e não via a hora. Os quilômetros rodados até Mendoza não serviram apenas para abrir meu apetite pela estrada, mas também para me mostrar que uma viagem daquelas era possível.

Eu não queria mais esperar. Percebi que comecei tarde. Se tivesse focado em começar uma viagem daquelas aos 25 anos, já teria rodado o mundo inteiro de moto; só que também não sou de ficar remoendo as coisas, então concluí que não adiaria mais esse sonho.

O próximo passo era conseguir meu "alvará de soltura" com a doce amada, Patrícia, minha esposa.

Quando comecei a viagem, minha casa estava em ordem, mas eu não era rico. Tinha uma empresa que, embora pequena, estava ganhando prêmios e tornando-se conhecida. Meus filhos não eram mais pequenininhos, de forma que não precisavam que eu estivesse com eles 24 horas por dia, como no passado.

Com meu histórico, era óbvio que a última coisa que eu queria era abandonar minha família para viver um sonho. Eu conhecia a dor do pai ausente. Só que, olhando em volta, percebi que essa era uma preocupação que vinha das minhas mágoas, não da realidade; porque, na vida real, meus filhos estavam ótimos, tocando as vidas deles. A Giulia já tinha dezoito anos e nem parava mais em casa. O Bruno já estava com doze, e o mais novo, bastante independente desde pequeno, tinha sete anos.

Conversando com a minha esposa, é claro que ela ficou com medo. Ela sabia que eu gosto de correr e não queria que meu sonho se transformasse em tragédia. Nunca disse, mas acho que era implícito que um acidente tinha ferrado a vida do meu pai e poderia ferrar a minha também. No fim, aceitou a ideia por uma série de motivos; o mais importante deles é que confiava em mim como piloto. Desde quando namorávamos, ela anda na garupa comigo e sabe que meus riscos são calculados e que sou bom com a moto.

A Patrícia também sabia que, quando eu coloco uma coisa na cabeça, ninguém tira e que era melhor ser minha parceira nesse sonho do que tentar me impedir de realizá-lo. Além disso, ela foi minha esposa por tempo suficiente para ver o quanto eu me dediquei para que minha família não passasse pelos perrengues por que passei. Ela entende que eu tenho gosto pela liberdade e quero viver intensamente.

O que acabamos combinando é que eu vou ceder às viagens em família que eu não amo fazer, como duas semanas na Disney, pegando fila sob o sol escaldante e pagando 55 reais num pedaço de pizza, ou passando quinze dias num cruzeiro. Em troca, eu consigo o "alvará de soltura" para mais um trecho na moto.

Depois de a Patrícia estar devidamente apaziguada, era hora de me preparar para a viagem. Para entender o motivo pelo qual eu me preparo o mínimo possível, você tem que compreender meu nível de organização. É uma história que, a princípio, vai parecer contraditória, mas garanto que fará sentido.

Veja só, eu tenho um fortíssimo déficit de atenção, e isso é uma praga num mundo desenhado para quebrar seu foco. Pessoas com déficit de atenção muitas vezes percebem que, se não desenvolverem uma metodologia, vão quebrar a cara com coisas simples, como esquecer as chaves, perder carteira, furar compromissos etc. Então, veja bem, para fazer minha vida dar certo e minha empresa vingar, precisei me tornar um cara organizado, que faz tudo certinho. Existe uma frase, cuja origem desconheço, mas que apareceu recentemente no último filme do John Wick e me descreve perfeitamente:

> "Como você faz uma coisa é como você faz todas as coisas."

Procuro fazer da melhor forma possível tudo o que faço. Não estou falando apenas de trabalho; se tiver que fazer um prato para um filho meu comer, esse prato vai ser bonito e organizado. Esse meu jeito é o que me impede de ser vencido pela deficiência chata que é o déficit de atenção. Como faço tudo certinho, não abro caminho para que o destino me atrapalhe. Se deixo a chave sempre no mesmo lugar, por exemplo, não vou perder tempo procurando.

Na minha empresa, a coisa funciona assim: ao deixar tudo organizado, a equipe bem treinada, tudo fácil de achar e todos os processos explícitos para os colaboradores, há pouca margem para erros; e, quando os erros acontecem, são fáceis de resolver.

Isso possibilita que eu viaje como viajo, sem abandonar a empresa, sem deixar ninguém "na mão". Nem eu posso me dar ao luxo de sumir por três meses seguidos; então, me organizei para percorrer um trecho por umas três semanas, depois voltar para casa, ser pai e cuidar dos negócios; então eu voltava, reencontrava a moto e continuava a viagem de onde tinha parado.

Veja bem, não sou um cara organizado. Minha cabeça é caótica, com mil pensamentos colidindo uns com os outros, ao mesmo tempo; metas, objetivos e sonhos se mesclando como átomos enlouquecidos; tudo chamando minha atenção. Aprendi a forçar a organização e a entender de sistemas.

Coloquei tanta sistemática nas minhas empresas e na minha forma de agir que consigo confiar que esses processos darão certo. Esse é um desafio de que gosto: criar sistemas que resolvam problemas que minha cabeça barulhenta poderia criar. Mais uma vez, eu me acostumava com o caos e inventava maneiras de fazê-lo trabalhar a meu favor.

É assim que consegui me afastar das minhas empresas, porque a máquina que criei funciona sem mim. Pelo menos por tempo suficiente para que eu pudesse correr atrás dos meus sonhos.

Como expliquei, eu não era rico. Morava numa casa num bairro de classe média baixa no Rio de Janeiro e tinha essa empresa, a Comunique-se. Quando chegou o momento de planejar a viagem, tomei algumas decisões. A primeira, que planejaria o mínimo possível; a segunda, que a prioridade era aproveitar a viagem, e não chegar rapidamente ao destino; e a terceira, que queria registrar tudo, para ter lembranças da experiência.

Como um bom planejador e um cara sistemático, eu já tinha aprendido uma lição valiosa: a preocupação é uma boa ferramenta de autopreservação, mas ela tem que servir a mim, não eu a ela.

Conheci um cara que passou anos planejando a viagem dele. Ele mapeou todos os postos de gasolina entre o ponto de saída e o destino, reservou todos os hotéis, deixou tudo milimetricamente alinhado para não ter nenhum tipo de problema ou surpresa. Sabe o que aconteceu? Ele teve problemas.

Quando você está com todos os hotéis reservados e dá de cara com o primeiro contratempo, atrasando-se um pouco, acontece um efeito dominó: todas as suas reservas vão para o saco. Imagina ter que parar na estrada e, em vez de curtir sua viagem, ter que passar horas entrando em contato com dezenas de hotéis, mudando todas as reservas? Imagina mapear todos os postos de gasolina e, mesmo assim, ter pane seca? Foi o que rolou com ele.

Vamos exercitar a lógica: eu não estava prestes a percorrer a savana africana, e sim atravessar países do continente americano, onde achar um posto de gasolina não é raro. Eu sabia o quanto minha moto tinha de autonomia e sabia que seria impossível não encontrar postos de gasolina nessa distância, então não faria o menor sentido mapear esses postos.

Viajando em duas pessoas, quais eram as chances de chegar a uma cidade e não encontrar um único quarto de hotel? Não fazer reservas foi o que me possibilitou abraçar a aventura, ir aonde a vontade ou o destino me levavam e aproveitar cada segundo da jornada. Se fosse para me preocupar com horário de check-in, eu nem teria saído de casa.

Eu tomo decisões racionais. Para quê perder meu tempo mapeando postos de gasolina se sei que não vou ficar sem gasolina? Ou reservando hotéis com antecedência, ciente de que sempre vou encontrar lugar para dormir? Mesmo se não encontrar, eu durmo no chão, ué. Isso também faz parte da aventura.

Esse pensamento permite que a viagem fique leve e descomplicada e é a mesma atitude que tenho nas minhas empresas: manter as coisas leves e descomplicadas. Isso preserva tempo e energia para as coisas que merecem minha atenção — como mapear, em tempo real, os melhores pontos turísticos e de interesse durante a viagem.

É claro que contratempos aconteceriam. E aconteceram! A melhor parte de uma viagem dessas, no entanto, é lidar com os imprevistos. A estrada pode te surpreender. Todas as vezes que algo deu errado, eu saí da situação fortalecido e mais adaptável.

Isso decidido, eu estava pronto para fazer o que todo mundo me dizia ser loucura: ir do Rio de Janeiro a Mendoza de moto, com nada além da minha Pantera Negra, uma muda de roupas e a vontade de desbravar a estrada.

Mal sabia que, sentado com o Edinho num restaurante na Argentina, tomando vinho e refletindo sobre o quanto havia sido legal ter feito aquela viagem, estaríamos tão contaminados pela energia e pelas possibilidades que decidiríamos continuar! Assim mesmo: simplesmente continuar subindo, até chegarmos ao Alasca.

Rimos, achando aquilo tudo meio loucura, mas determinados a tentar. As dúvidas surgiam:

— E se não der para ir até o Alasca, cara?
— E como vamos passar pelos perigos da América Central?
— E se a moto quebrar?
— Se der problema, a gente resolve, ué.

Foi assim que começou o grande sonho da minha vida, que foi se expandindo e se materializando.

No dia da viagem, acordamos para ver um céu nublado, que anunciava uma chuva fraca, mas também uma temperatura agradável para pilotar. Eu e Edinho vestimos as jaquetas, colocamos os capacetes e demos início à aventura.

DA LAGOA À CIDADE DE DEUS

Antes de atravessar o continente americano de moto, conheci uma jornada mais perigosa: migrar de uma infância sem preocupações na Lagoa para o dia a dia numa das Cidades de Deus do Rio de Janeiro.

Enquanto meu pai se recuperava e nós ficávamos mais pobres, minha mãe estava ao lado dele. Era na riqueza e na pobreza, como os votos que haviam feito, e ela encontrava um jeito de cuidar bem de nós, seus filhos, e se virar como podia.

Tínhamos saído da Lagoa e morávamos na Tijuca, quando a merda aconteceu. Meus pais já estavam numa fase de brigar o tempo todo, e, quando eles brigavam, meu pai falava "Ah, vou para a casa da minha mãe", e sumia. Eu era criança, mas enxerguei o padrão:

dava sexta-feira à noite, eles brigavam, ele dizia que ia para a casa da minha avó e deixava minha mãe para cuidar de nós três no fim de semana.

O pai do meu pai tinha um sítio em Miguel Pereira, e nós, crianças, amávamos aquele lugar, que, para a gente, era como o Sítio do Picapau Amarelo. Todos os primos iam para lá, era mágico.

Numa dessas brigas de sexta-feira, depois que meu pai anunciou que iria para a casa da mãe dele, minha mãe estava de saco cheio e falou:

— Ah, vamos ficar em casa, não; vamos pro sítio.

Ela botou a gente dentro do carro, no sábado, e fomos para Miguel Pereira.

Esse sítio era velho e ficava bem no meio do nada. A gente tinha que pegar uma estrada de terra ruim pra cacete, de uns oito quilômetros de extensão. O que aconteceu? O carro atolou e não conseguimos chegar lá de carro. Isso foi uma coisa meio maluca, porque o sítio é tão vazio e distante de tudo que, quando um carro se aproxima, todo mundo que está lá consegue ouvir.

Como o carro ficou para trás, tivemos que subir um pedação a pé. Minha irmã tinha uns nove anos; eu, uns oito; e meu irmão, uns cinco. Então, dá para imaginar o perrengue, a gente subindo até o sítio. Ou seja, chegamos sem fazer barulho, sem nenhum aviso para quem estava lá. Não era incomum as pessoas da família usarem aquele sítio; então, minha mãe ter decidido levar a criançada para lá era natural.

Imagina a cara dela quando chegou e viu meu pai, meu tio Renato e mais duas mulheres. Minha mãe era muito brava, mas mesmo um monge budista perderia a calma numa situação daquelas. Foi um barraco daqueles de cinema, minha mãe batendo nas mulheres, meu pai e tio tentando segurar minha mãe, meu irmão menor chorando de gritar, meu pai olhando para a gente, tentando se explicar e tal, aquela merda.

Esse evento, obviamente, culminou na separação. Foi um negócio bem pesado, bem traumatizante.

> Foi uma linha traçada na minha vida,
> dividindo o antes e o depois.

Depois da separação, meu pai — que, para seus filhos, sempre tinha sido um cara perfeito — parou de aparecer. Não vinha buscar a gente nos finais de semana para brincar, passar tempo junto. No início, ele chegou a fazer isso, mas, aos poucos, a vontade de ver os filhos deve ter passado, porque as visitas quinzenais viraram visitas mensais; depois, bimestrais; até que ele parou de aparecer.

Além disso, meu velho não pagava a pensão. Tenho lembranças nítidas do nosso primeiro despejo, quando um oficial de justiça apareceu no nosso apartamento, que, na época, ficava na Tijuca. Minha mãe chorando, a gente tendo que tirar nossas coisas às pressas e ir para qualquer lugar para liberar o imóvel.

Virou comum. Ficávamos entre um ano e um ano e meio num apartamento, éramos despejados e nos mudávamos para um lugar menor, num bairro pior. Era muito ruim passar por aquilo repetidamente, ficar juntando tudo para ir para outro lugar, passar pelo estresse e pela humilhação do despejo.

Quando fomos parar em Vila Isabel, nosso novo lar era um condomínio habitacional tipo Cidade de Deus, os BNH. A Cidade de Deus é um condomínio habitacional que ficou famoso por causa do cinema; mas não é um só, existem várias "Cidades de Deus" no Rio de Janeiro, assim como existe um montão de lugares assim, nas cidades brasileiras.

Minha mãe tinha um fusquinha meia nove, isso devia ser 1979 ou 1980. Era um fusquinha velho pacas, caindo aos pedaços, e a gente chegou de fusca lá no condomínio.

Lembro bem que minha mãe fazia muito esforço. Ela era uma heroína, para nós, porque se esforçava muito para a gente não perceber a merda em que estávamos. Então, ela falava com animação:

— Olha só, quanta criança para vocês brincarem!

A gente chegou naquele monte de predinho, vendo, através das janelinhas do fusca, aqueles moleques correndo para cima e para baixo, e sendo crianças. Achamos aquilo legal. Não associamos aquela situação à pobreza, não era a visão que tínhamos. Eu vi um monte de crianças brincando, e essa nova vida me pareceu boa...

Não seria.

O ESTILO DE VIDA HARLEY-DAVIDSON

"Born to be wild"... não dá nem para ler sem cantar! A Harley--Davidson é uma grande história de sucesso, tanto de empreendedorismo como de marca. Hoje é um estilo de vida romantizado por muitos, e conquistado por poucos. As referências não faltam no cinema, nas telas de televisão e na expressão musical.

Easy Rider, traduzido como *Sem Destino*, no Brasil, é sobre dois motociclistas, interpretados por Peter Fonda e Dennis Hopper, que viajam pelo sul e sudoeste dos Estados Unidos em busca da sensação de liberdade. É um filme da década de 1960 e toca em temas pertinentes para aquele momento, como as tensões sociais e políticas nos EUA, o movimento hippie e o uso de drogas. Chamam atenção, no filme, as paisagens áridas e a trilha sonora, assim como a atuação de Jack Nicholson, indicado ao Oscar de melhor ator coadjuvante. O roteiro do filme também ganhou uma indicação.

Curiosidade: a moto do personagem Wyatt é uma Harley--Davidson chamada de Capitão América, a única moto que sobrou das filmagens, uma vez que as outras três foram roubadas antes mesmo do lançamento de *Easy Rider*. A Capitão América ficou exposta no National Motorcycle Museum, em Anamosa, no Iowa, antes de ser leiloada por mais de 1 milhão de dólares, em 2014.

Nos anos 1990, um filme parecido — mas nem tanto — tentou replicar a história de dois homens em motos, correndo perigo e mexendo com traficantes, mas foi um fracasso tanto de crítica como de bilheteria, apesar de dois grandes atores, Mickey Rourke e Don Johnson, interpretarem os protagonistas. *Harley Davidson and the*

Marlboro Man, lançado no Brasil como *Harley Davidson e Marlboro Man — Caçada sem Tréguas*, mostrou uma Harley-Davidson FXR S, completamente customizada para o personagem interpretado por Mickey Rourke.

A série *Sons of Anarchy*, já em 2008, acompanha um clube criminoso de traficantes nos moldes dos charters como o Hell's Angels. O Hell's Angels tem uma história turva, com muitas informações ambíguas, e muita gente reivindica sua fundação. Embora os membros insistam que seja apenas um clube de motocicleta que prega liberdade e camaradagem, diversas agências governamentais, como o FBI, alegam que são clubes criminosos envolvidos com tráfico e diversos tipos de violência.

Um dos membros mais famosos do Hell's Angels, Ralph "Sonny" Barger, fundador da facção de Oakland, apareceu na série *Sons of Anarchy* interpretando um dos nove fundadores originais do clube Samcro. Ele não foi o único: outros membros, como Chuck Zito, Rusty Coones e David Labrava (o Happy), participaram de *Sons of Anarchy*.

A Harley-Davidson tem uma marca tão forte que alguns economistas preveem que, mesmo que ela não se recupere financeiramente da queda nas vendas, observada desde a crise de 2007 (depois de um pico impressionante e um lucro de 1 bilhão em 2006), o nome será sempre associado à maior marca de motocicletas da história.

A empresa teve seu início num galpão em Wisconsin, EUA, em 1903, quando os amigos William Harley e Arthur Davidson construíram sua primeira moto. A líder de mercado era a Indian, uma empresa grande e poderosa que achou engraçado quando Walter Davidson, irmão de Arthur, decidiu participar, sozinho, de uma corrida de motos de dois dias de duração, indo de Catskill para Nova York, um percurso de 350 milhas (563 quilômetros). A Indian tinha dezesseis corredores, enquanto a Harley-Davidson só tinha um. Walter Davidson ganhou a corrida; o que foi não apenas um choque, para todos, mas também uma ótima publicidade para a Harley.

Mesmo assim, a Harley só conseguiu sobreviver porque fez acordos para vender as motos para departamentos de polícia e militares, o que a fez lucrar, embora pouco, mesmo durante a grande depressão de 1929. Durante a Segunda Guerra Mundial, a empresa vendeu aproximadamente 60 mil motos para as forças armadas americanas. Muita gente afirma que, sem a guerra, a Harley-Davidson não existiria hoje.

O curioso é que, justamente por causa da guerra, uma subcultura foi criada nos Estados Unidos, indo na contramão de um país muito careta, monótono e conservador. Os próprios soldados voltavam da guerra pensando "não quero nada disso, vou comprar uma Harley e viver na estrada".

Essa associação da moto com liberdade já havia sido usada no passado, quando o modelo T, da Ford, foi lançado como alternativa mais segura e mais barata às motocicletas da Harley-Davidson, na época. Para contornar a concorrência, a Harley se posicionou, dizendo que os carros eram seguros e confortáveis, feitos para homens de família, enquanto a moto era para homens mais livres e aventureiros.

A ideia da Harley sempre foi a de viver a vida nos seus termos, com estilo e grande afinidade com o jeito nômade, o que era especialmente atraente para ex-soldados que enxergavam o próprio país de uma nova forma, depois de testemunharem as atrocidades da guerra.

Entre 1945 e 1970, as vendas de motos nos Estados Unidos subiram de quase 200 mil para quase 3 milhões. Foram os filmes, no entanto, que ajudaram a consolidar a Harley como a mais estilosa das marcas, em especial o clássico *O Selvagem*, com Marlon Brando.

Esse filme foi o primeiro a explorar a persona do motoqueiro rebelde, influenciado por um evento importante para a história da motocicleta chamado de Hollister Riot. Tratou-se de um comício de motos, endossado pela American Motocyclist Association, que saiu um pouco do controle, com muito mais motos, bebedeira e safadeza do que o esperado.

A mídia aproveitou o evento e o divulgou de forma sensacionalista e exagerada nos jornais, criando, no público mais conservador, um estereótipo de que motociclistas eram criminosos descontrolados. Isso fortaleceu a imagem do motoqueiro fora da lei, aquele cara fodão que eu, mais tarde, veria no jogo *Full Throttle*.

No final dos anos 1970 e início dos anos 1980, a Harley-Davidson não era apenas uma moto, era um estilo de vida.

Eles exploraram essa força da marca, vendendo roupas e acessórios, depois expandiram para artigos para o lar e brinquedos. A famosa sigla HOG significa "Harley Owners Club", o clube dos donos de motos Harley-Davidson, que chegou a mais de 90 mil membros nos anos 1980. Se você acompanha o *Eu e Minha Moto*, deve ter visto o Edinho usando uma camiseta do clube. Aliás, fui diretor do HOG no *chapter* do Rio de Janeiro, em 2012.

A minha vivência dentro do estilo de vida Harley-Davidson me mostrou que a essência da marca não é apenas legítima, mas inquestionavelmente real. O que quero dizer com isso, veja bem, é que não apenas "dizem" que os motociclistas se ajudam, eles realmente se ajudam. A camaradagem não é uma associação de marca apenas, ela é manifestada e provada cada vez que um motociclista conhece um grupo de motociclistas. Veja, por exemplo, o Julian, organizador do encontro de Mendoza, que, sem nem me conhecer direito, me acolheu na casa dele, ao saber que eu não tinha lugar para ficar na cidade.

Como em todos os círculos, ainda mais num tão gigante, é claro que existem os zé-ruelas. Tem aquele pessoal mais marrento, que não entende o verdadeiro estilo de vida Harley-Davidson, como o dono da Harley em Quito, que mandou que eu e o Edinho desligássemos a câmera e nos tratou de um jeito bem babaca. Esse cara é a exceção que confirma a regra. Ficamos surpresos com a falta de acolhimento dele justamente porque estamos acostumados a ser tratados com respeito e festa em qualquer ambiente Harley-Davidson, oficial ou não.

Não é à toa que o símbolo da marca é uma águia.

A águia simboliza a libertação das amarras, inspiração, longevidade, vitória, velocidade, orgulho e liberdade.

EMPREENDEDORISMO DE MERDA

Eu estudava na escola Soares Pereira, em frente a uma praça que está lá até hoje, a praça Xavier de Brito. Aos finais de semana, costumavam levar até lá uns cavalos com charretes e os pais pagavam para que seus filhos pudessem passear, com um rapaz puxando o cavalo, no melhor estilo hotel-fazenda.

Nos anos 1980, a escola promovia diversas atividades para ajudar na subsistência familiar, e uma delas era um negócio chamado Clube de Ciências. A professora chamava-se dona Mirtes e ajudava as crianças em uma série de atividades, sendo uma delas cultivar uma horta.

Tínhamos que cavar buracos, jogar a semente, fechar o buraco, bater e passar para o próximo buraco na terra, enquanto a dona Mirtes supervisionava e nos ensinava o que fazer.

Um dia, enquanto a gente cavava, notei um rapaz trazendo um saco de esterco e a professora tirando a carteira dela e pagando pelo "produto". Devia ser uma coisa meio comum, talvez até hoje. A escola não tinha o dinheiro, e o próprio professor acabava providenciando alguns insumos.

Não me lembro exatamente quanto ela pagou. Para ser sincero, nem lembro se era em cruzeiro novo ou cruzado novo, mas vou chutar algo em torno de vinte reais; e eu estava ali, observando; vi aquilo, aquela cena, e deu um clique na minha cabeça. Pensei "caramba, ela está comprando um saco de merda". Na mesma hora, lembrei da praça dos cavalos do outro lado da rua; ali era cavalo cagando o dia inteiro — a maior fábrica de merda do planeta e tudo de graça!

Na hora em que o rapaz saiu, eu me aproximei da dona Mirtes e fiz minha proposta:

— A senhora acabou de pagar dez reais pra esse moço por um saco de esterco. Pagaria os mesmos dez reais por dois sacos, do fresquinho?

Ela, obviamente, aceitou minha proposta irrecusável, porque teria o dobro de um produto de melhor qualidade pagando o mesmo preço.

Os cavalinhos só andavam aos sábados, mas a gente tinha aula nesses dias também, das sete às onze. Naquele sábado, tratei de pegar uns sacos de supermercado e uma pazinha e fui para a aula, levando tudo na mochila. Depois da aula, saíram aquelas 2 mil crianças, todo mundo de uma vez, direto para a praça. Morrendo de vergonha, sentindo que todo mundo olhava para mim, comecei a rodar a praça catando cada cagalhão e botando nos saquinhos, até encher. Estávamos na "Era de Ouro do Bullying", os anos 1980, e não levou dois minutos para que eu ganhasse a alcunha de "garoto que cata merda", "cagão" e outros igualmente gentis. Não tinha jeito, era engolir o orgulho ou me dar por vencido.

Eu me sentia muito incomodado por ser o cara que não tinha dinheiro para nada. Na época, ainda não morava ao lado da favela, mas minha sensação era a de que eu era mais fodido do que os caras que moravam lá. No recreio da escola, lembro que nunca tinha dinheiro para comprar nada e todas as crianças compravam refrigerantes, pipoca, essas coisas. Eu era o "pidão". Vivia pedindo "me dá um gole?", "me dá uma pipoca?". Ficar pedindo as coisas e me humilhando me incomodava. O negócio de catar merda era uma chance de mudar aquela realidade. Então, catei merda e levei para a professora, que me pagou o equivalente a vinte reais.

Na segunda-feira, na aula, eu não era mais tão fodido. Tinha grana para o recreio, e, para a realidade de escola pública, era bastante dinheiro, pois dava para comprar refrigerante. Comprei muita coisa, cara, saí lotado de comidinha da cantina e ficou todo mundo meio confuso.

Eu me lembro bem que os caras que ficaram me zoando porque eu catei esterco até pararam de zoar. Foi quando virei uma espécie de lendinha local. "Cara, o cara conseguiu vender merda...". Virou uma brincadeira. Acho que aquilo acabou se revertendo. Acabou o bullying.

Meu business de catar merda durou muito pouco, porque eram dois sacos e a demanda da professora não era tanta. Acho que devo ter vendido umas duas vezes, só. Além disso, dava muito trabalho para pouco dinheiro; então, foi uma coisa que me fez pensar no próximo empreendimento, na próxima ideia que me levaria a conseguir ainda mais grana.

> Eu já tinha entendido a principal lição: era possível mudar minha realidade, se eu ficasse atento às oportunidades, não tivesse preguiça e não tivesse vergonha.

Quando a gente morava na Lagoa Rodrigo de Freitas, eu tinha muito brinquedo, aquela coisa de filho de pais com boa situação. Eram brinquedos e histórias em quadrinhos da Turma da Mônica, Tio Patinhas e tal. Mesmo quando a coisa ficou difícil, esses brinquedos ainda eram meus, e foi aí que tive minha próxima ideia: "Cara, vou montar uma coisa meio comerciante, alguma coisa assim", pensei.

Nem raciocinei direito, queria montar uma tendinha para vender as coisas. Na porta da minha casa, estendi uma toalha no chão e me preparei para ganhar dinheiro. Uma boa lembrança é da minha mãe me apoiando. Ela me ajudava com a toalha, em vez de ficar brava comigo ou tentar me dissuadir das minhas ideias mirabolantes.

Na toalha, fiz uma pilha de revistas, quadrinhos e um monte de brinquedos. Foi o maior sucesso no condomínio habitacional, porque ninguém lá tinha nada daquilo; então, comecei a vender tudo a valores bem baixos. Depois passei a vender um "kit" de brinquedo e revista, com um desconto. Muitos anos depois, bem mais velho, quando fui fazer o MBA, descobri que o nome disso era combo.

Foi interessante ver que, ainda moleque, eu já tinha noção de conceitos de marketing de uma forma instintiva. Parecia natural juntar produtos para oferecer a um valor menor; mesmo que, até então, eu nem soubesse que havia um nome para isso. Essa foi a primeira experiência empreendedora no condomínio habitacional, vendendo as coisas que eu tinha acumulado nos bons tempos.

Nascia em mim uma vontade implacável de me movimentar para a frente e mudar minha situação. Mais tarde, descobri que o nome disso era "empreendedorismo".

E, a cada ideia que dava certo, eu alimentava esse lobo faminto por superação.

SE EU NÃO ME FODO, EU NÃO ME DIVIRTO

A primeira parada do primeiro trecho da viagem, América do Sul, era o encontro de motocicletas em Mendoza, Argentina. Esse trecho era de 3.500 quilômetros, sem contar os rolezinhos que antecipamos fazer no caminho.

Saindo do Rio, pegamos uma chuva fraca na Dutra, que não atrapalhou, mas logo mais a pista ficou perigosa — do tipo de que eu não gosto, quando não é possível saber o que é água e o que é óleo. O lado bom era a temperatura de 23 ºC e o clima gostoso para pilotar.

Logo, a estrada estava limpa e era só nossa. Tudo verdinho, céu cinza e o bom e velho rock n'roll tocando na moto. Eu só não esperava que, já de cara, meu parceiro Edinho quase tivesse uma pane seca, por simples preguiça de abastecer a moto. O próximo Graal ficava a 77 quilômetros, e o Edinho só tinha autonomia para cinquenta.

Quando a Harley dele estava rodando no cheiro da gasolina, encontramos um posto. Ele saiu da moto, sorriu para mim e disse:

— Tranquilo, eu sabia que ia dar tudo certo.

No dia seguinte, estávamos na Serra do Café quando vi uma placa, indicando um parque florestal. Decidimos conferir, sem imaginar que encontraríamos uma estrada de terra toda esburacada que era quase uma trilha de moto. A Harley-Davidson não é feita para esse tipo de terreno, mas seguimos. Edinho reclamou pra caramba da trilha até chegarmos ao tal parque. A pé, descemos até as cachoeiras, aventura que quase matou o Edinho. A subida foi o nosso crossfit do dia, e eu me perguntei por que não nasci gostando de hotel cinco estrelas, em vez daquele tipo de roça.

Admito que foi um risco colocar as Harleys naquela estrada não planejada, porque estávamos colocando nós mesmos e as motos em perigo, o que podia ter acabado com a viagem logo no começo. Mas foi um risco que, para mim, valeu a pena.

Chegando às serras catarinenses, pegamos uma estrada linda, num dia ensolarado, com quatrocentos quilômetros pela frente.

Percebemos que, mesmo com as paradas não programadas, chegaríamos cedo a Mendoza, um dia antes do evento. Isso nos animou a fazer outra parada, ainda em solo nacional, no Museu Militar Brasileiro, um museu particular de um cara chamado Sefferson Steindorff, que reuniu um acervo por gratidão ao exército, que ajudou muito sua família quando ele era mais jovem.

O lugar era enorme e tinha avião, tanque, canhão e um monte de parafernália do exército brasileiro. O acervo é gigante e só passava pela minha cabeça o trabalho que tinha dado levar tudo aquilo para lá.

A próxima estrada era uma merda; tão esburacada, que minha cabeça doía de bater contra o capacete. E, para ajudar, pegamos uma bela chuva. Outra filosofia de estrada foi consolidada naquela hora:

> "O que a chuva molha,
> o vento seca."

Eu estava aprendendo como seriam os próximos meses, compreendendo que o clima ruim, as surpresas e os perrengues não eram um efeito colateral da viagem — eles *são* a viagem. E ainda tinha muito perrengue pela frente.

> Leia o QR code para assistir ao episódio "Volta ao mundo de moto - Cheguei a Mendonza, na Argentina" no Youtube

---

O evento de Mendoza acontece há 22 anos e, geralmente, dura três dias. É caracterizado pela parrilhada, com espetos enfiados no chão, exposição de moto, uma tenda onde rola rock n'roll ao vivo e outras tendas de comércio. A galera fica sentada na grama, na paz. Tem gente normal, alguns doidos, muita camiseta preta, calça camuflada, boné, óculos aviador e homem de barba. A atmosfera é de camaradagem e celebração.

Outra atração desse encontro são as competições de motos, a corrida de arrancada e, também, uma competição de marcha lenta, em que o último a chegar é o vencedor, premiado pela sua habilidade em andar bem devagar com a Harley, o que exige muito equilíbrio para não tocar o pé no chão, para quem tem um bom domínio da moto.

Antes de chegar a Mendoza, demos uma parada no meio do campo, uma região de fazendas e pasto, onde pudemos curtir um pouco a natureza, o que é uma vantagem dessas estradas menores. Eu sabia que, na província de San Pedro, havia o Circuito de Potrero de los Funes, um autódromo. Não era garantia de que conseguiria, mas nada me impediria de tentar andar de Harley no autódromo.

E, como sempre, a ousadia me deu sorte e consegui pilotar lá dentro. Demora para se acostumar, principalmente com as curvas, mas foi uma delícia. Foi minha primeira vez pilotando num autódromo e fiquei feliz por ter sido com a minha Pantera Negra. Foi muito emocionante.

Nesse momento da viagem, rolou o primeiro abandono do Edinho. No futuro, eu me acostumaria com essas manias dele, mas, naquele momento, justo quando estávamos na linha de chegada, eu não soube muito bem explicar sua falta.

O Edinho, às vezes, fica de saco cheio, inventa algum problema para resolver e desaparece. Nesse caso, ele voltou ao Brasil e me deixou sozinho por alguns dias. Foi tão rápido, que ele conseguiu voltar a tempo para o evento de moto. Mesmo assim, desfrutei de alguns passeios sozinho, como pilotar a moto numa vinícola, entre as vinhas — o que foi espetacular.

Entra-se em Mendoza passando por um arco em estilo colonial muito pitoresco, e a sensação de atravessá-lo depois de ter rodado 3.500 quilômetros, desde o Rio de Janeiro, foi fantástica. Estava finalmente lá, depois de quatro dias. O problema era que todo mundo também estava lá. Haveria um jogo de final de campeonato entre o Boca Juniors e o Riverplate, e a cidade estava lotada. Resultado? Não consegui hotel.

Lembra que a estrada sempre dá um jeito? Pois é. Ela não me "deixou na mão" daquela vez. Julian era o organizador do evento e me convidou para ficar na casa dele, naquela noite. Isso me deu a oportunidade de conhecer um pouco os bastidores do evento, assim como sua história, por meio de relíquias das outras edições, como o velocímetro da moto do pai, emoldurado e pendurado na parede, de forma que era impossível não ter uma sensação de nostalgia e respeito.

Testemunhei um pôr do sol espetacular, que consegui filmar em *timelapse* para meu canal e, naquele friozinho gostoso, enquanto escurecia, enchi os pulmões com ar argentino, inebriado pela sensação de vitória. Foi chuva, falta de hotel, quase uma pane seca... mas também a hospitalidade de estranhos, paisagens de tirar o fôlego e experiências impossíveis de serem vividas quando se viaja de avião e se hospeda em hotéis cinco estrelas.

Eu estava pronto para cruzar as Américas Latina, Central e do Norte na minha moto; e a segunda lição foi clara:

"Se não me fodo, não me divirto."

NA ESTRADA PARA O PERU, PASSANDO POR MARTE

Começou com uma simples viagem para Mendoza; depois de alguns vinhos, tínhamos um novo plano: seguir em frente até chegar ao Alasca. No dia seguinte ao evento de motos, ainda na Argentina, pudemos visitar o Pico Aconcágua, a mais alta montanha fora da Ásia, e a Puente del Inca, uma formação rochosa que parece uma ponte.

Atravessamos a Cordilheira dos Andes pela famosa e inusitada Estrada de Los Caracoles, que contém 29 curvas superfechadas; uma das estradas mais memoráveis da minha vida. Da Argentina, fomos ao Chile.

Em Santiago, um motoamigo nos ofereceu hospedagem em sua casa, onde passamos a noite. Era conhecido como "Dom Felipe". Um doido completo. Tem um monte de moto, e fica tudo espalhado por sua sala. Tomamos vinho e festejamos a vida.

No dia seguinte, ele nos acompanhou um pouco pela viagem. Paramos na Playa Amarilla, num dia ensolarado, mas muito frio, e aproveitei para brincar um pouco com meu drone, o Mosquitão, capturando a praia com muitas pedras e um mar de cor bem esverdeada.

Voar com o drone é uma delícia. Mesmo com uma águia espiritual para me guiar e a liberdade de estar em duas rodas, ainda não consigo voar, e é ele que registra, para mim, as imagens mais belas, capturando, do alto, a essência de cada lugar que visitamos. É uma forma de oferecer uma visão mais completa dos locais visitados aos assinantes do canal. O Mosquitão me colocaria em apuros, claro; mas, por enquanto, era só alegria.

O visual das montanhas por todos os lados era de tirar o fôlego, e foi nessas montanhas de vegetação rala que encontramos algumas lhamas. Consegui chegar perto de uma, mas ela acabou fugindo.

Passamos por uma estrada com muita areia, o que, para uma Harley de quatrocentos quilos, pode ser um problema. Fomos parar numa cidade meio fantasma, no meio do nada, mesmo; deserta, fim do mundo. E zerados de gasolina. Não à toa, o nome do lugar, como descobrimos, era Punta de Choros. Lá não tinha internet, nem iluminação, não aceitavam cartão de crédito e nós estávamos sem muito dinheiro em espécie.

Caminhamos no escuro por um bom tempo, até chegarmos a um restaurante vazio. Era um salão grande até, com um monte de mesas postas, prontinho para receber clientes, mas totalmente vazio. As toalhas de mesa verde-claras tentavam dar um ar festivo ao lugar, e isso me pareceu bizarro. Não pude deixar de pensar no mal-estar causado pela letra da música dos Eagles, "Hotel California", um lugar igualmente fantasmagórico, no qual você pode fazer o check-out à hora que quiser, mas não pode ir embora nunca.

Depois de rodar, encontramos uma mulher que alugava cabanas de madeira, onde ficamos hospedados. Foi a salvação!

O problema de ter onde dormir estava resolvido, mas ainda tínhamos que conseguir gasolina. Pela manhã, conversando com os locais — rostos enrugados, povo simples —, ouvimos falar de um cara chamado Pascal, que vendia gasolina. Enquanto decidíamos tentar esse cara, fomos abordados pela dona das cabanas, oferecendo rochas que ela mesma pintava para vender. Ficamos constrangidos de não poder comprar as pedras, mas como a gente ia carregar pedra na moto?

A casa do cara que vendia gasolina não tinha campainha. Uma senhora apareceu para nos ajudar. O esquema era simples: abastecíamos as duas motos usando uma garrafa de Sprite de três litros. Isso mesmo, três litros por vez, usando metade de uma garrafa pet como funil. Foram vários vaivéns de garrafa até conseguir encher o tanque de vinte litros.

Saindo de lá, atolei a moto na areia, pela segunda vez em poucos dias. Como todo perrengue é uma oportunidade, fiquei dando um rolê pela costa, enquanto o Edinho ia pedir ajuda. Com uma corda, *mi salvador*, um homem bem-humorado, conseguiu puxar a moto com a caminhonete dele. A estrada nunca te deixa na mão, sempre tem alguém para te ajudar.

De volta à estrada de terra, sob um sol forte, pilotamos ao lado do mar. El Congrio Loco foi um lugar interessante: no meio do quase nada, está repleto de barcos pequenos aonde pessoas vão para ver as baleias orcas, o que custa 40 mil pesos. Foi lá que paramos para comer, sendo presenteados com a vista do mar bem azul, de um lado, e um deserto digno de faroeste, do outro.

No deserto, consegui filmar um veado, e meu drone Mosquitão capturou uma águia deslizando pelo céu, sobrevoando as ondas que quebravam contra os rochedos.

Antes de chegar a Taltal, que significa "Pássaro negro", eu e Edinho pilotamos por uma estrada muito escura, pela qual passamos com apreensão, até chegarmos a um hotelzinho ruim, com quase nada de água para tirarmos a sujeira da viagem.

À medida que você vai seguindo, o cenário fica mais árido, transformando-se em deserto mesmo. Em alguns momentos, cheguei a pensar nas imagens de Marte, que vemos, frequentemente, em filmes. Não tinha nada ali, exceto areia e uma espécie de hostilidade da natureza selvagem do lugar; e as coisas estavam prestes a piorar, já que o Edinho havia perdido o documento da moto.

Leia o QR code para assistir ao episódio "Volta ao mundo de moto - Cheguei ao Peru com minha moto do Brasil" no Youtube

DUALIDADE

Chegando à fronteira do Peru, o Edinho percebeu a ausência do documento da moto dele. Quebrando a cabeça, discutindo ideias do que fazer, sugeri procurarmos uma gráfica, para tentar imprimir o documento e passar pela fronteira, fingindo que era original, e não uma cópia. A ideia era amassar e sujar um pouco o papel, para lhe dar um ar envelhecido.

Ligamos para a esposa do Edinho e pedimos para ela escanear o documento e mandar para a gente, mas o resultado ficou bem ruim, o arquivo fora de proporção, essas coisas. Só que eu estava inconformado, também. Não entendia (e ainda não entendo) por que o Edinho dava essas mancadas de documento, de meter a gente em enrascadas homéricas para economizar trocados e tal. Imprevistos acontecem, como ficará óbvio nesta história, mas a desorganização do Edinho nos colocou em enrascadas totalmente evitáveis.

Foi um perrengue imenso. Toda fronteira dá frio na barriga, porque é lá que sua viagem pode acabar. Mesmo quando tudo tá certinho e você tem os documentos, vistos etc., corre o risco de pegar um atendente mal-humorado ou corrupto, e aí tudo pode acontecer. Teríamos muitas situações complicadas em fronteiras pela frente, mas aquela era culpa nossa.

Recebemos a dica do cara que nos atendeu:

— Vá até a polícia e diga que perdeu o documento, para conseguir uma espécie de boletim de ocorrência que comprova essa perda.

Com esse papel, em teoria, conseguiríamos passar pela fronteira.

Foi isso que o Edinho fez. Voltou para o Chile, enquanto eu fiquei esperando na fronteira, e, encontrando uma base da polícia, explicou que perdera o documento da moto. Foi assim que conseguimos passar pela fronteira do Peru, mas não foi fácil. Levou tantas horas que, quando entramos no país, já estava escuro.

No Peru, fizemos uma visita à Catedral de Arequipa — ampla, arejada, inspiradora. O Mosquitão conseguiu registrar a beleza do lugar, que carrega aquela mágica inerente a todos os centros históricos, aquela sensação de se estar diante de algo majestoso, sagrado e perene — que esteve ali muito antes de mim e ainda estará lá depois que eu me for.

Um dos pontos altos daquele trecho foi poder confraternizar e conversar um pouco com os locais, desde crianças curiosas até trabalhadores de um restaurante bem simples, onde parei para almoçar. Aquela estrada é belíssima, potencializada pelo céu limpo e o sol iluminando as montanhas, em ambos os lados. Um espetáculo em dégradé, passando do cinza do asfalto para o ocre da terra e o anil do firmamento. O cenário ficou ainda mais selvagem quando a estrada transformou-se em terra. Peguei barro, lama, tudo o que você imagina, naquele lugar, como consequência das obras na estrada. Eu e a Pantera Negra versus a natureza, a 4.500 metros de altitude.

Chegando em Cusco, meu companheiro decidiu seguir a viagem. Foi o segundo de diversos abandonos do Edinho, que viraram até meme no canal do YouTube. Ele já conhecia Machu Picchu, não quis voltar lá, e... me abandonou... Como eu não perderia Machu Picchu por nada no mundo, nós nos despedimos, combinando de nos encontrarmos mais adiante.

Às vezes me perguntam como é viajar com o Edinho. O cara virou uma espécie de personagem muito querido pelos seguidores do canal, por ser de bem com a vida, engraçado, atrapalhado e responsável pelos maiores perrengues pelos quais passamos. Como em qualquer parceria, ficamos putos um com o outro às vezes — até porque somos muito diferentes —, mas a experiência, no geral, é bem mais positiva do que negativa.

Eu e o Edinho nos damos muito bem. Talvez seja essa dinâmica que nos mantém unidos: eu sou um cara sistemático; o Edinho, nem tanto. Embora ele faça merdas evitáveis por ser pão-duro ou teimoso demais, reconheço que a sorte dele nos livra de enrascadas. Como toda dupla, no entanto, às vezes o convívio cansa. Sendo assim, esses momentos solitários da viagem acabam sendo uma boa oportunidade para curtir o cenário e se voltar para dentro, para a reflexão, para a experiência de estar vivenciando a estrada.

A partir de Cusco, o visual mudou: montanhas mais escuras, bastante deserto ainda, com mais vegetação. Sob um sol forte, vi mais lhamas. Senti a diferença no ar. A respiração fica mais difícil, obrigando você a respirar devagar; afinal são mais de 3 mil metros de altitude!

Atravessando trechos bons e ruins, e sentindo uma variedade de emoções, cheguei finalmente a Machu Picchu. Enquanto subia com os turistas num trem, notei novas paisagens. A região montanhosa era muito mais verde. Agradeci por ter conseguido fazer aquela visita num dia bonito e ensolarado, que acrescentava uma camada mais etérea e sagrada ao local; só que, para conhecer Machu Picchu, você tem que querer muito.

Foi necessário pegar uma van até o trem, depois o trem até Águas Calientes, e aí um pequeno ônibus que sobe pelas montanhas sinuosas até chegar. Existem duas montanhas: Machu Picchu é a montanha velha, e Huayna Picchu é a montanha nova. Essa dualidade não escapa a ninguém.

Também conhecida como a "cidade perdida dos incas", Machu Picchu é pré-colombiana e fica no topo de uma montanha, a 2.400 metros de altitude. Símbolo mais conhecido do Império Inca, dizem que a cidade foi toda construída e planejada para permitir a passagem do deus Sol. É um dos pontos turísticos mais visitados do Peru, além de ser patrimônio mundial da Unesco.

O engraçado é que encontrei duas teorias, cada uma descrita como "a mais aceita", sobre a função de Machu Picchu. Uma delas é a de que foi construída para uma supervisão da economia das regiões conquistadas. Outra diz que o Pachacutec ("rei" Pachacutec Inca Yupanqui, 1438-1471) construiu o lugar como uma casa de férias, principalmente para descansar depois de alguma campanha militar de sucesso. Seja como for, estima-se que 750 pessoas moravam lá; a maioria, trabalhadores (muitos deles de outras regiões).

A visão lá de cima, daquelas montanhas tão verdes, é indescritível. Você sobe muito, e essa subida não é fácil, mesmo (talvez por isso Edinho tenha me abandonado); então, não é um lugar recomendado para quem tem medo de altura ou passa mal com o ar rarefeito, embora a viagem valha muito a pena. As imagens que consegui com o drone — risco que assumi por não saber se era permitido — mostram o espetáculo que é o lugar, mas nada substitui a sensação de estar lá, como se você estivesse no topo do mundo, num lugar verdadeiramente sagrado. Bate uma conexão com sua própria humanidade, sua pequenez, e você é preenchido pela noção de *estar vivo*.

Leia o QR code para assistir ao episódio "Volta ao mundo de moto - Cheguei a Machu Picchu" no Youtube

A MORTE NA GARUPA

Estar na estrada muda sua visão de mundo; ao mesmo tempo que ele fica menor, fica mais extremo. Os países — antes conhecidos por meio de filmes e notícias — passam a ser reais: o solo deles debaixo dos seus pés, seus povos sorrindo ou olhando feio para você, seus climas encharcando suas roupas ou te abençoando com um céu limpo.

Quando digo que o mundo fica mais extremo é porque só a interação real com as pessoas e suas histórias consegue te mostrar tanto o lado nobre como o lado sombrio da humanidade. Eu não peguei a estrada só para falar que atravessei três continentes na minha Harley; peguei a estrada para explorar o mundo em primeira mão, com meus próprios olhos e sentidos, e tirar minhas próprias conclusões. Por isso, fiz questão de viajar devagar, parar nas cidades minúsculas assim como nas turísticas, comer o que o povo de lá come, conversar com as pessoas e conhecer a história de cada local, fosse Belize ou Trujillo, Mendoza ou Nova Orleans.

Muitas vezes encontrei histórias inspiradoras e lugares atemporais, que vou compartilhar com vocês neste livro. De vez em quando, consegui me sentir parte de um evento interessante, como quando entrei na caverna onde Jesse James se escondeu, depois de um assalto a um banco. Por outro lado, a estrada me brindou com lugares bizarros e assombrosos, que atraíram um lado meu que tento reprimir desde pequeno.

Sou muito consciente da morte, como se a levasse na garupa da moto. Ela está à espreita e flerta comigo desde quando eu me amarrava nos ônibus para subir a serra de bicicleta até quando eu quis correr atrás dos desgraçados que me assaltaram e roubaram o vestido de noiva da Patrícia, história que você ainda vai ler aqui.

A morte nos mostra suas múltiplas faces durante toda a nossa vida. Quando eu era muito pequeno, ela era abstrata, uma promessa que nunca se cumpriria de verdade, embora me lembrasse, ocasionalmente, que um dia iríamos nos encontrar... Como quando meu pai sobreviveu ao acidente, mas nos arrastou para baixo, ou quando o Edinho e eu nos separamos na estrada e, num frio glacial, uma pedra atingiu minha roda como se tivesse sido arremessada, propositalmente, por algum espírito brincalhão, habitante das estradas remotas — fazendo com que eu tivesse que parar.

Estranho como eu estava quase entorpecido pela beleza daquela região. Era um daqueles lugares que a gente não consegue parar de olhar, que quase nem parecem reais. De um lado, montanha; do outro, montanha. É quase um crime descrever assim, porque, na verdade, era como estar em outro mundo. Havia um rio escaldante, com água de degelo, que complementava a paisagem de uma forma etérea.

Sabe aquelas histórias das sereias cantando, atraindo os navegantes para as rochas mortais? Foi quase isso o que aconteceu comigo. De tão extasiado que estava, eu me distraí.

Já tinha visto algumas pedras rolando, mas não vi a que atingiu minha roda. Com a pancada, a moto quicou, sambou na estrada e me forçou a colocar os pés no chão. Por sorte e experiência com a moto, não caí. Meu estômago ficou gelado, o coração esmurrando o peito. Foi um susto animal.

A pedra tinha amassado a roda, criando uma dobra por onde escapou o ar do pneu. A princípio, tentei desamassar na base da porrada, usando uma rocha. Fiquei muito tempo naquela estrada, preparando o espírito para o pior: ter que encarar o frio e outros perigos naturais, numa estrada praticamente deserta, dormindo lá mesmo, usando minhas roupas como travesseiro. Minha mente se desviou do modo "aventura" para o "sobrevivência".

Por sorte, horas depois, um caminhão parou para me ajudar e tentamos desamassar com uma pedra maior, sem sucesso.

A voz do Elvis me veio, na hora, cantando "Suspicious Minds", quando ele diz "estamos presos numa armadilha, não consigo escapar". Os conselhos do rei seriam uma constante durante a viagem, como se ele falasse comigo por meio de suas eternas canções.

Os caras voltaram ao caminhão com a promessa de buscar ajuda, mas eu não tinha como saber se avisariam mesmo alguém, ou simplesmente "ligariam o foda-se" e seguiriam viagem.

O frio estava ficando mais intenso. Eu estava a uma altitude assustadora, sem fôlego, numa estrada entre as montanhas; e o solzinho enganava, porque o ar era gélido e parecia penetrar até na minha medula, através da jaqueta. Não podia ficar parado. Decidi tentar enfiar grama e silvertape para ver se o pneu pegava pressão suficiente para andar um pouco, mas não funcionou. Não sou de me desesperar, mas, ao imaginar ter que dormir na estrada, naquelas condições climáticas, a preocupação começou a bater. Então, uma águia circulou o céu — ou, pelo menos, eu me convenci de que era uma águia, e não um urubu à espreita, para conferir quanto tempo eu aguentaria, antes de virar um apetitoso picolé de brasileiro.

Suspirei de alívio quando avistei um caminhão reduzindo a velocidade e agradeci pelos caras que tinham, mesmo, chamado ajuda. Foram necessários cinco homens para colocar a moto no caminhão. O plano era voltar à cidade anterior para consertá-la, antes de seguir viagem. O caminhoneiro, Felipe, explicou com um sorriso que, onde estávamos, fazia até vinte graus abaixo de zero quando escurecia, ou seja... se eu ficasse lá, aquela seria minha última noite.

Chegando à província mais próxima, um *pueblo*, com o céu já escuro, arranjei uma garagem, onde o mecânico chamado Wilson — um peruano, vejam só — tentaria consertar a roda. E peguei um mototaxi para chegar ao hotel — um quartinho com chão de terra batida, diga-se de passagem.

Como forma de agradecer, convidei Felipe e sua família — a esposa e o filho — para jantar. Foi uma experiência agradável, durante a qual fiz questão de falar ao menino que o pai dele tinha me salvado e era um herói.

O mecânico Wilson era o único do *pueblo*, sendo, inclusive, o cara que consertava os *tuk-tuks*, aquele tipo de moto/triciclo, uma característica muito marcante desses povoados. São centenas deles, circulando pelas cidadezinhas. Sendo a roda da Pantera Negra uma roda de liga leve, o Wilson precisaria de um equipamento muito específico, que, obviamente, não tinha. Ele acabou preenchendo o buraco com solda derretida, fazendo uma espécie de remendo, e colocou uma câmara no pneu (já que o pneu da Harley é sem câmara) para conseguir enchê-lo. Era apenas um reparo temporário, para que eu conseguisse seguir a viagem. Mas não me levaria muito longe.

Era a segunda vez que um imprevisto na estrada me fazia pensar que a viagem tinha acabado, mas persisti, e tudo deu certo. Estava cada vez mais convencido de que seguir em frente era a maior lição que eu precisava aprender para chegar ao meu destino.

A RODA MEDICINAL

Este livro não tem quatro partes à toa. Sempre me senti extremamente atraído pela cultura nativo-americana, sentimento que se fortaleceu durante a minha viagem pelas terras anteriormente ocupadas por essas tribos. Embora os povos indígenas da América do Norte sejam diversos, eles dividem semelhanças culturais, como o que chamamos de roda medicinal. É uma espécie de representação sagrada das crenças cíclicas desses povos antigos, fortemente apoiada no número quatro.

As rodas construídas por milhares de anos em Big Horn, no Wyoming, EUA, são divididas em quatro direções: Norte, Sul, Leste, Oeste; que simbolizam as quatro fases da vida: velhice e morte; nascimento e infância; juventude e maturidade; e paternidade.

Além disso, a roda também representa as quatro estações do ano, os quatro elementos da natureza e outros recursos, como ervas sagradas — cedro, tabaco, erva-doce e sálvia — e animais — urso, águia, lobo e búfalo.

Para mim, o simbolismo da roda medicinal é perfeito.

Estou vivendo meu outono, aos 53 anos, e, em breve, entrarei no meu inverno, a última fase da minha vida. Esse fato, ao mesmo tempo me assombra e me motiva a viver com intensidade.

Como um cara que viajou o mundo e tem, nesta aventura, sua maior conquista, a representação das direções Norte, Sul, Leste e Oeste são muito significativas e estão tatuadas no meu braço.

Estando à mercê dos elementos da natureza — sendo o vento, o fogo, a água e a terra meus maiores adversários e, também, melhores amigos —, essa simbologia me emociona.

Além disso, o número 4 tem um significado mais profundo, pois representa as quatro necessidades humanas: física, mental, emocional e espiritual. Afinal, eu saí nessa jornada para viver experiências memoráveis, mas o que encontrei na estrada foi uma profunda transformação nesses quatro planos de carência humana.

Eu estava bem resolvido com minhas necessidades materiais, quando iniciei a viagem, e achava que, nos planos mental, emocional e espiritual, não precisava de trabalho algum. Mas a estrada pensava diferente. Nos quilômetros que se estendiam diante de mim, os fantasmas do meu passado, meu ódio reprimido e minhas tendências mais impulsivas e autodestrutivas me aguardavam, como se estendessem os braços e sussurrassem: "vem, então; vamos ver se você dá conta".

LOBO

PARTE 2

> *Off through the new day's mist I run*
> *Out from the new day's mist I have come*
> *We shift, pulsing with the Earth*
> *Company we keep, roaming the land while you sleep*

> "Eu corro pela bruma de um novo dia
> É da bruma de um novo dia que surgi
> Nós nos transmutamos, pulsando com a Terra
> Mantemos companhia, vagando pelo terreno enquanto você dorme"

"OF WOLF AND MEN" (METALLICA)

DOIS LOBOS

Quando criança, eu não me sentia parte de nada ao meu redor. Meu convívio era com pessoas de classe média baixa, mas que sempre pareciam ter mais do que eu. Elas usavam roupas melhores, andavam limpinhas, conseguiam comprar um lanche aqui e outro ali; enquanto eu estava sempre com roupas rasgadas e meio sujo, por ter brincado na rua, por ter brigado ou por ter fugido do banho. E nunca tinha dinheiro para nada.

Minha mãe comprava o famoso pão dormido, aqueles que a padaria não tinha conseguido vender no dia anterior e já estava duro demais para comercializar, de forma que saíam por poucos centavos. Manteiga não tinha. Leite era raro. Com o pão amanhecido, bebíamos mate, algo que rendia bem e era acessível. Comer carne era um sonho esporadicamente consumado.

Além da questão da escassez, eu morava numa região barra-pesada, na década de 1980, com gangue de rua e todas as merdas que a pobreza traz. Em frente à minha casa, havia um beco, e a gente criou uma turma que se chamava Turma do Beco, um clubinho numeroso de pré-adolescentes. Passávamos o dia inteiro na rua, andando de bicicleta, brincando de pique e coisas do tipo. Do convívio com essa turma, saiu até minha banda de rock, Beko.

Eu me lembro da turma e da banda com afeto, porque são memórias boas em meio a lembranças muito ruins. Sinto muita tristeza em saber que parte desses amigos morreram ou foram mortos, por se envolverem com coisas erradas.

A sensação predominante era de inadequação. Isso piorava quando eu me comparava aos meus parentes por parte de pai. O sítio era um lugar mágico para a gente. Nessa época, víamos meu pai de forma muito esporádica, mas, volta e meia, minha família por parte de pai organizava uma viagem ao tal do sítio para passar uma semana, juntar tios, tias, avós e primos, fazer aquela confraternização. Sendo assim, meu pai era praticamente obrigado a nos levar, já que todas as outras crianças também iam.

Era sensacional! Nós amávamos aqueles dias no sítio, o que não significa que eu não percebesse e não ficasse machucado pela maneira como meu avô nos maltratava. Ele era um bicho mau pra cacete. Baiano, daqueles tradicionais e rigorosos, que se ressentia muito pelo fato de meus pais serem separados. É claro que, na cabeça dele e da minha avó, a separação era culpa da minha mãe. E aí ele descontava na gente.

Eu me lembro de uma parada que mexia muito comigo: enquanto todos os primos tinham um quarto próprio na casa — era uma casa bem grande, de pedra —, eu e meus irmãos éramos os únicos que tínhamos que dormir na sala, no chão, sem colchão, lençol, nada. Tirávamos a rede dos ganchos e dormíamos no chão, em cima dela. Aquilo me fazia muito mal, dava raiva.

Quando íamos tomar café da manhã, meu avô fazia questão de perguntar:

— Você não come em casa, não, porra?

Ele achava que a gente comia muito; o que era verdade, porque era a nossa chance de aproveitar. Éramos as ovelhas negras, diminuídos, humilhados pelos motivos mais bestas. Eu não entendia por que não podíamos dormir, como nossos primos, no quarto, com os pais.

Meu pai dormia com a namorada, no quarto dele; mas, com um esforcinho, nós caberíamos lá. Hoje eu entendo que meu pai não fazia questão. Escolhia de propósito o quarto mais apertado, onde não cabiam beliches nem colchões no chão, para ficar sozinho com a namorada sem ser perturbado pelos filhos.

Sem contar que dava um puta medo dormir na sala. Estamos falando de crianças num sítio escuro, no meio do mato. Aquela sala de pedra parecia coisa de filme de terror, e, depois de ouvir tanta história de lobisomem, era claro que não dormíamos. As noites no sítio eram assustadoras pra caramba.

Aos poucos, ser tratado como um pária por aqueles que deveriam me acolher foi alimentando, em mim, uma inquietação. Eu queria — não, eu *precisava* — mudar aquilo.

Todo mundo conhece a história dos dois lobos; só que, tal como foi passada pelos índios norte-americanos, de geração em geração, ela é um pouco mais complexa do que parece. A história é basicamente a seguinte:

Um jovem estava conversando com um ancião, que lhe disse que, dentro de todo homem, mulher e criança, vivem dois lobos, constantemente em guerra. Um lobo é do mal, olhos brilhando na escuridão, pelos sujos e eriçados, dentes afiados, prontos para dilacerar. Ele representa tudo o que nos faz mal: ódio, inveja, tristeza, ganância, arrogância, ciúmes, arrependimento, autocomiseração, culpa, ressentimento, senso de inferioridade ou superioridade, mentiras e ego. Já o outro lobo representa o bem, com seus olhos cor de gelo e alertas, sua postura pronta, mas serena, seus pelos exuberantes: alegria, amor, esperança, paz, generosidade, empatia, humildade, bondade, compaixão e fé.

— E qual dos lobos vence? — O jovem perguntou ao ancião.

O ancião olhou para o horizonte, seus cabelos brancos trêmulos ao vento, suas rugas profundas criando vincos na pele escura. Ele disse:

— Aquele que você alimenta.

Não preciso dizer que, nas condições em que me encontrava, eu passei a alimentar o lobo mau; e meu primeiro ato de rebelião foi me distanciar da alcateia.

LINHAS ANCESTRAIS, ESTRADAS SURREAIS

Num dia, eu achava que a viagem tinha acabado; no outro, estava chegando, de moto, a Nazca, no Peru. Aquelas linhas sempre me fascinaram: grandes desenhos no solo do deserto de Sechura, feitos pela cultura nazca entre 500 a.C. e 500 d.C. Eu não passaria pelo Peru sem vê-las.

O que aconteceu foi muito louco. Na Harley, enquanto pilotava, fui investigando o Google Maps atrás de pequenos aeroportos, onde eu pudesse pegar um avião para ver aquelas linhas do céu. Sem ser voando, não teria graça.

Quando encontrei o lugar, o avião, um monomotor apertado e barulhento pra caramba, já estava praticamente decolando. Eu não tinha ido até lá para perder aquela chance; então, larguei a moto, sem pensar muito, e fui correndo para entrar no avião da Aeronasca. Lá em cima, vendo aquelas linhas formando figuras, eu só conseguia me perguntar: "como fizeram isso?".

Dizem que as linhas foram preservadas pelas condições climáticas — clima seco, sem vento — e por estarem num local tão isolado. São linhas simples e formas geométricas, totalizando centenas de figuras: animais, como aranha, peixe, cachorro e gato, assim como um ser humano, árvores e flores. Os estudiosos, em geral, acham que foram feitas por motivos religiosos. Em 1994, as linhas de Nazca foram designadas como Patrimônio Mundial, pela Unesco.

Depois do passeio, pouco antes de chegar a Lima, o pneu da frente da moto esvaziou de novo, como era de se esperar, devido ao estrago feito e ao remendo temporário do Wilson. Por coincidência (sorte? destino?), ele esvaziou bem na frente de um borracheiro.

Peguei um trânsito intenso na entrada da cidade; então, aproveitei para parar na Harley-Davidson de Lima e a levei à oficina deles, para fazer uma revisão e dar aquele talento para o próximo trecho. Foi ali que a roda, finalmente, foi reparada. Como Lima é uma cidade grande, levamos a roda a uma loja de produtos de liga leve para carros, onde conseguiram deixá-la novinha. Ela aguentou até o Alasca.

Com a moto zerada e, mais uma vez, com o Edinho, estávamos prontos para o próximo trecho da viagem: o Castillo Huarmey.

Para chegar lá, passamos por uma estrada de terra e um lugar meio feio. Então, minhas expectativas não eram altas. Mal sabia que estava adentrando um lugar meio assombroso e que me deixou com a sensação de que alguma coisa me observava; algo mais antigo do que a própria humanidade, alguma força sinistra à espreita.

Subindo as ruínas, que, de acordo com o proprietário, tinham 1.500 anos, não ficamos impressionados e o comentário do Edinho foi:

— Ninguém nunca veio aqui antes.

Aquele lugar no meio do deserto era *bad vibes* mesmo, só que mais no sentido de que não saí com a certeza sobre o que realmente aconteceu lá. Para colaborar com a sensação de "o que estou fazendo aqui?", sentimos uma leve brisa, carregada com o cheiro adocicado de maconha.

Havia algo parecido com uma escavação, que, segundo o zelador do local, eram tumbas. A história dele era que encontraram 74 múmias — todas mulheres —, súditas mortas por uma rainha. Até filmei uns ossos que disseram serem humanos, mas quem sabe? Não foi difícil sair de lá e logo, logo estávamos na estrada.

Um dos perrengues mais comuns em viagens muito longas deste tipo é ter alguns problemas com as motos. Naquele dia, foi o descanso da moto do Edinho que quebrou, mas conseguimos achar uma oficina para consertar e seguimos estrada.

Chegamos na Playa Tortugas, uma cidadezinha cheia de pelicanos, de uma areia escura, pedras e um mar também escuro, parecido com o de Santos (SP), no Brasil. Havia barcos pequenos de montão e casinhas bem simples, com vista para as montanhas.

No centro histórico de Trujillo, muito bonito, com sua arquitetura colonial, ficamos hospedados no primeiro bom hotel da viagem, o que, confesso, foi um alívio. Precisávamos descansar a coluna e dormir numa cama boa, depois de 7.400 quilômetros rodados em poucos dias.

No dia seguinte, acordamos com as motos travadas, já que havia uma verdadeira parada, na praça, em frente ao hotel. Esse é o tipo de imprevisto que dá cor a uma viagem. Não adianta esquentar a cabeça por besteira, sendo assim, aproveitamos e vimos um pouco do desfile, sob um céu nublado.

Já pilotando, eu e Edinho encontramos alguns brasileiros pedalando pela América do Sul. Isso mesmo, de bicicleta. Com um olho na rua e outro neles, trocamos saudações e informações de origens e destinos. Foi emocionante e, de certa forma, humilhante, no melhor dos sentidos. Afinal, achávamos que éramos incríveis por estar fazendo a viagem de moto, enquanto os caras estavam, literalmente, pedalando pelo continente.

Minha filosofia se solidificou dentro de mim, enquanto nos despedíamos dos nossos conterrâneos:

O limite do seu sonho quem coloca é você.

Não é seu equipamento, suas condições econômicas, nada. Se você realmente quer e tem saúde, você consegue; e aqueles caras estavam lá para provar isso.

Outra parada no Peru foram as Tumbas de Sipan, um rei que matou seus súditos. Era a segunda vez, em poucos dias, que nos deparávamos com esse tipo trágico e sombrio de história.

Chamam Sipan de "o Tutancâmon do Peru". Vestindo vinte quilos de ouro e sandálias de prata, ele foi a primeira múmia Moche encontrada no sítio arqueológico chamado Huaca Rajada, descoberto intacto em 1987. Foi só vinte anos depois, em 2007, que os pesquisadores encontraram mais catorze tumbas no local.

Logo descobriram que, ao morrer, Sipan levou toda uma galera junto, para não ficar sozinho do outro lado: guardião, filho de onze anos, cachorro, esposa, amigos, amantes...

Eu me pergunto se esse pessoal, convivendo ao lado de Sipan, fazia ideia de que morreria com ele. Mais uma vez me veio o mantra:

Bora rodar, enquanto a gente
ainda pode rodar.

Leia o QR code para assistir ao episódio "Volta ao mundo de moto - Inacreditável as Linhas de Nazca" no Youtube

"ATIRA, SE VOCÊ É HOMEM!"

Embora minha percepção de pobreza ainda fosse distorcida pelas fantasias infantis, e minha mãe se esforçasse para que não sentíssemos a profundidade da merda na qual estávamos, eu já sabia que morava num lugar perigoso.

A gente brincava muito na rua, e morava lá o orgulhoso dono de um Fusca Fafá de Belém. Para quem não é tão velho, explico: em 1979, o fusca tinha acabado de passar por mais uma mudança estética, que incluía enormes lanternas traseiras bem redondinhas, que o brasileiro não tardou a associar aos peitos avantajados da cantora Fafá de Belém.

O brasileiro, aliás, adora associar carros a pessoas famosas. Temos o Volkswagen 1.600 Zé do Caixão, o Corolla Brad Pitt, a pick-up 3.100 Martha Rocha, o Tempra Ronaldinho e o Chevette Clark Gable. Minha moto era tão ruim, quando comecei a namorar com a Patrícia, que meus amigos a tinham apelidado de Sandrinha. Lembra-se da Sandra de Sá e seu hit "Joga fora no lixo"?

Enfim, esse vizinho tinha um Fusca Fafá, que ele passava o dia lustrando. Ninguém podia chegar nem perto do carro, mas é claro que nós chegávamos. Não lembro exatamente como a confusão começou, mas foi coisa boba. Nós, crianças, estávamos brincando perto do carro e esbarramos nele.

Embora nada tivesse acontecido com o fusca, o cara pirou e mandou aquele ataque para a gente, berrando com a criançada. Acontece que minha mãe viu de longe e foi até lá pra tirar satisfação com o vizinho. Puta barraco no condomínio habitacional!

Berro para cá, palavrão para lá, o cara entrou em casa e pegou um três oitão, apertou o cano contra a cabeça da minha mãe e disse que ia matar. Eu me lembro tão bem dessa cena... Minha mãe era marrenta demais. Pareceu cena de filme. Ela gritou:

— Atira, então! Atira, se tu é homem, covarde!

Imagina eu, minha irmã e meu irmão apavorados, o homem apontando a arma para a minha mãe, e ela lá, mandando ele atirar. Por sorte, ele se acovardou e não atirou, mas a brincadeira acabou mais cedo, naquele dia, para a criançada.

Foi ainda criança, enquanto minha mãe passava por essas situações e meu pai investia em construir uma casa para si, que percebi: eu estava por minha conta, entendeu? Se minha vida fosse mudar, isso só aconteceria se eu tomasse as rédeas do meu futuro. Eu teria que resolver meus problemas, correr atrás do que queria.

A mágoa pelo meu pai estava lá. A revolta pela forma como minha família era tratada pela dele, também. E a rotina difícil, em um ambiente perigoso, só alimentava o meu ressentimento, cutucando minha vontade de me provar para todo mundo.

A minha pré-adolescência foi marcada por esses momentos: colocar papelão na bicicleta para bater contra o pneu e fazer barulho de moto; perceber que meus amigos tinham material escolar e eu não tinha nada; catar merda para vender para a professora; vender giz na feira, e sanduíche na praia.

Como nas minhas viagens de moto, eu não planejei essas ações, não as via como empreendedorismo. Essa palavra nem existia. Só que o conceito já estava embutido em mim. Para mim, era natural "me virar", e as maiores vantagens eram minha criatividade e a habilidade de juntar dois pontos: um problema e uma solução.

> Era essa visão e a coragem de correr riscos que me tornariam rico.

A história do giz foi assim: todo dia que tinha feira, eu, ainda moleque, ficava lá, vendo os vendedores armarem as barracas de madeira pela manhã. Aquele plac-plac, puta barulho. Na época, anotavam os preços das frutas, dos legumes e de outros produtos com giz. Muitas vezes, testemunhei conversas do tipo:

— Aê, Dimas, tem giz?

— Não, pô, acabou.

— Ô, Adair, tem giz aí, cara?

— Tem não.

"Taí", pensei. "Os vendedores sempre precisam de giz, e o deles acaba... vou comprar giz e vender para eles." Corri atrás de giz. Consultei recentemente, e numa caixa de giz vêm 64 unidades e custa uns R$ 5. Minha ideia era vender cada um por um real, uma margem de lucro absurda. Não pensem que não considerei a possibilidade de pegar o giz na escola; mas aqueles estavam sempre quebrados, e eu queria oferecer um bom produto.

Passei a vender giz na feira e lucrei, por um tempo, enquanto observava o mundo, em busca da próxima ideia mirabolante.

Até hoje eu sempre quero apresentar a minha melhor versão. Quero sempre impressionar. É uma necessidade; quero ser aceito e me preocupo com o que os outros pensam. Sei que, se fizer uma terapia, um dia — por enquanto, a estrada basta —, vou descobrir o que já sei: que isso é resultado de trauma de infância.

É bem cansativo, na verdade, mas, nas empresas em que trabalhei, dava resultado. Eu sempre me destacava porque era muito melhor que todo mundo. Por quê? Porque ficava lá até as dez da noite. Entregava muito mais do que os outros estavam dispostos a entregar e não teria adiantado me falar que já estava bom, porque eu sempre queria mais.

A grande maioria das pessoas se contenta em ser ordinário, essa é outra verdade, doa a quem doer. A população é ordinária. O mundo é ordinário. As pessoas são ordinárias. Uma vez, ouvi um cara dizer que a diferença entre ser ordinário e extraordinário é só o "extra"; e muitas pessoas acham que esse "extra" é impossível, inalcançável, mas ele é muito pouco. É só estudar um pouco mais, dedicar-se um pouco mais, entregar um pouco mais, e os resultados são impressionantes. Só que isso não funciona se você encontra desculpa e se autossabota, criando seus próprios obstáculos.

Ser extraordinário não é tão difícil, mas parece cada vez mais raro num mundo em que as pessoas arranjam desculpas para tudo. Hoje, não nos destacamos por ter talento, mas porque à maioria falta talento. Nada me irrita mais do que quando alguém diz que eu tive sorte e que é por isso que consegui o que queria. Sorte é uma desculpa que as pessoas ordinárias usam para justificar sua falta de vontade e de força para conquistar o que querem. Eu nunca dei sorte, enxerguei oportunidades e corri atrás delas.

Posso usar o próprio *Eu e Minha Moto* como exemplo. Tem muito, mas muito canal de viagem no YouTube. Eu queria ir além, fazer algo extraordinário. É justamente o formato mais original, realista e dedicado do canal que é elogiado pelos seguidores e por pessoas que, cada vez mais, conhecem meu trabalho e ficam viciadas. Eu só me dediquei um pouco mais para produzir algo melhor.

O "extra" do extraordinário é um pouquinho mais de disciplina, um pouquinho mais de repetição, caprichar um pouquinho mais numa apresentação, pensar um pouquinho mais antes de fazer. Quando olho para trás, me lembro da pobreza de onde vim e penso em qual foi o "segredo" para chegar aonde cheguei, a resposta é ridiculamente simples: eu só me mexi um pouco mais.

INDO PARA ONDE A VONTADE NOS LEVAR

Depois de Trujillo, partimos para Cuenca. Rumo ao Equador, a paisagem de deserto vira uma serra. Eu tinha colocado na cabeça que não desperdiçaria nenhuma oportunidade de aventura, por menor que fosse, e, assim sendo, ao perceber uma ponte no meio das montanhas, que ligava nada a lugar algum, não hesitei em tentar atravessá-la.

Esse lugar estranho, de pontes sem sentido e muitas montanhas, rendeu momentos em que me senti um moleque irresponsável e porra-louca de novo, além de cenas inesquecíveis para o canal do YouTube.

Cuenca é a terceira maior cidade do Equador. Foi lá que conseguimos repor as energias, visitamos uma catedral lindíssima — a Catedral de la Inmaculada Concepción, cartão-postal da cidade —, um cemitério de freiras, que viviam e morriam lá dentro, e conhecemos intimamente a cidade, considerada "a mais europeia" do país.

Quito é uma cidade que vale a visita. É lá que você pode pisar na linha do Equador, que divide o mundo pela metade — La Mitad del Mondo. Subimos 4.050 metros, num tipo de teleférico, por dezoito minutos, chegando a um lugar de onde conseguimos uma visão imensa da cidade. É uma vista esverdeada, mas escura, com muita neblina e um silêncio notável, potencializado pela sensação desconfortável da falta de ar. Se você não se concentra na sua respiração, mantendo a cadência, apaga.

Graças aos intermináveis problemas na moto do Edinho, usamos a oportunidade para visitar a Harley-Davidson de Quito. Foi uma merda. Além de tudo ser muito mais caro do que no Brasil, o dono é um alemão estúpido, que pediu para que deletássemos o que filmamos dentro da loja. Esse não é o espírito Harley-Davidson que conhecíamos e fizemos questão de falar isso no canal. Se um dos meus compromissos com o seguidor é mostrar a realidade da vida na estrada, não posso elogiar um lugar que não nos acolheu só porque esse lugar carrega a marca Harley-Davidson. A camaradagem e a hospitalidade são pilares do estilo de vida motociclista, e tenho certeza de que, mais cedo ou mais tarde, a comunidade vai parar de frequentar lugares que não abraçam esse espírito.

Depois de conhecer lugares fantásticos, como a Igreja Companhia de Jesus (cuja arquitetura tem sete toneladas de ouro), a Plaza Independência e El Panecillo (tipo o Cristo Redentor de Quito), e conseguirmos registrar tudo com o Mosquitão, partimos para a próxima parada: Colômbia.

A Colômbia foi o sexto país da expedição Américas. Também foi lá que a viagem adquiriu alguns tons mais sombrios, como quando visitamos a Laguna de Yahuarcocha. A "lagoa de sangue", por conta de lendas indígenas de que a lagoa foi formada pelo sangue de um gigante morto por um deus. Mas também por conta de batalhas onde milhares de Incas foram mortos por espanhóis.

Foi triste testemunhar muitos venezuelanos fugindo da crise socioeconômica, política e humanitária do seu país e tentando entrar na Colômbia. Era muita gente sentada em suas malas, muitas famílias, muitas crianças. O clima de desolação parecia ser acentuado pelo tempo ruim, e aquela fronteira foi a pior.

Pegamos muita chuva em uma paisagem verde-escura, entre muitas montanhas. Lá do alto, paramos para tirar os casacos e pudemos aproveitar um cenário natural de tirar o fôlego, antes de encararmos o trânsito chato para entrar em Cali. Chegando à cidade, tentamos encontrar um hotel pelos aplicativos, o que sempre nos ajuda muito, considerando que nossa viagem não tem roteiro.

Eu não ouvia mais a moto do Edinho e sentia que estava sozinho. Um pressentimento ruim tomou conta de mim, começando pelo meu estômago e irradiando para meu peito. Era mata de ambos os lados e tudo estava estranhamente quieto.

Eu pilotava por uma estrada de terra em péssimas condições, o que me obrigou a diminuir muito a velocidade. Naquele momento, percebi que a velocidade era meu poder naquele lugar e eu o estava abandonando, contra a minha vontade.

A primeira coisa que vi foi uma inquietação na folhagem.

"Preciso dar um jeito de sair daqui", pensei, sentindo o sol arder nas minhas costas, a poeira rodopiando no ar e bloqueando a minha visão.

Os berros foram tão altos que, mesmo com o som do motor da Pantera Negra e o capacete tapando meus ouvidos, eu me assustei e quase caí da moto.

Meu primeiro instinto foi acelerar.

Sombras saíam de dentro da mata. Vislumbrei espingardas, rifles, botas.

Antes que pudesse tentar fugir, eles já tinham me cercado.

Ergui as mãos no gesto de me render, quase tonto de pânico. O que queriam comigo? Estavam sequestrando civis? Eram das FARC?

Eles me forçaram a sair da moto. Ousei olhar para um dos que se aproximavam, me estudando, com cara de mau.

O golpe na barriga foi forte, fazendo meu corpo dobrar e cair de joelhos na estrada de terra. Suor corria por dentro da minha roupa. Eu precisava fazer alguma coisa para sair daquela situação e, dessa vez, só simpatia e calma não iriam funcionar.

Era muita arma apontada para mim. Eles me faziam perguntas, mas, estranhamente, eu não conseguia focar no que diziam. Se eu corresse, estava morto.

Um deles inspecionou a moto, o celular, minha mochila. Que levassem tudo, eu não me importaria. Só queria voltar para a minha família.

Perguntavam quem eu era, de onde vinha. Abri a boca para explicar, tentar me safar da situação, quando algo se mexeu no mato e um deles, atirando um cigarro no chão, deu alguns passos até lá. Um lobo, estranhamente parecido com um dos meus huskies, saiu do mato.

O soldado, rebelde, guerrilheiro, ou seja lá o que aquele desgraçado fosse, apontou a arma para o lobo. "Puta merda."

— De jeito nenhum, cara!

Os outros riram. Ele olhou para mim com um sorriso. Virou o rosto lentamente de volta para o lobo escuro, que arreganhou as presas.

Meu coração martelou dentro da caixa torácica. Eu queria matar cada um daqueles caras, mas também queria voltar para casa.

Ele mirou, em câmera lenta, e vi seu dedo se contrair no gatilho.

Antes disso, o lobo pulou na garganta dele, puxando com força, rasgando a pele bronzeada do sujeito e fazendo sangue espirrar para cima.

Berros dos homens armados. Meu coração acelerando mais ainda.

O lobo abateu mais dois, enquanto os outros fugiam, e, com os pelos pintados de vermelho, grunhindo de satisfação e ódio, o bicho se virou para mim.

Meu corpo sacudiu.

Eu estava no quarto de hotel, onde havia dormido na cama ao lado da do Edinho, ainda em sono profundo, depois do dia longo na estrada.

Todas as sensações daquele pesadelo vívido ainda estavam comigo, principalmente o medo. Dava quase para sentir o gosto metálico de adrenalina, sei lá, no fundo da minha garganta. Ainda ouvia os berros daqueles bandidos.

Saí da cama e fui lavar o rosto. Não sabia se o sonho era um presságio.

Eu sabia que estava em um lugar perigoso. Pior, estava indo para um lugar ainda mais volátil: a América Central. Quantas vezes já não tinha ouvido, tanto de motociclistas como de amigos, que era melhor pular a América Central? Por que eu estava insistindo em ir para lá, mesmo assim? Podia mandar a moto direto para Miami e pular aquele continente inteiro, arriscar menos.

O pesadelo podia ser um aviso. *Interrompa a viagem, volte para casa.* Ou ainda: *Beleza, termina a América do Sul, mas pula a Central.*

Também podia ser só um pesadelo mesmo, sem misticismo.

Sequei o rosto e olhei no espelho do banheiro minúsculo. Falavam de narcotraficantes, da instabilidade política, das FARC, de corrupção em todas as camadas da sociedade e de pobreza extrema. Era prudente continuar subindo?

Por outro lado, quantas vezes não tinha ouvido pessoas falando que nunca iriam ao Rio de Janeiro, por medo de violência, sendo que eu morava lá e sabia que, apesar dos problemas, não era tão ruim quanto a mídia pintava? Será que pular um continente inteiro, por um medo embutido no inconsciente coletivo, também não seria entregar-me a preconceitos?

Eu tinha que decidir se o medo era justificável. O medo é o maior mecanismo de sobrevivência do ser humano. Ignorar meus instintos, numa viagem como aquela, poderia ser realmente fatal.

Voltando para a cama, ouvindo as molas rangerem, fiquei alerta, no escuro. Precisava saber se o medo vinha dos meus instintos ou da percepção alheia, abastecido por filmes, notícias e preconceitos.

Rolei na cama por um bom tempo. O sono foi chegando. Quando estava fechando os olhos, já tinha tomado minha decisão.

Acordamos com a intenção de ir a Bogotá, um trecho de aproximadamente nove horas e muita serra, com curvas à beça. Passamos em um bar onde encontramos diversos motociclistas, conhecemos o pessoal e fomos convidados para uma *fiesta*. O legal do motociclismo é que você sempre será bem recebido em qualquer lugar, e pudemos desfrutar dessa hospitalidade e da irmandade por lá, mesmo que tenha atrasado um pouco nossa viagem — um dos muitos benefícios de não fazer uma viagem muito programada. Depois da decepção na Harley-Davidson de Quito, a experiência em Cali provou que a exceção só serve para confirmar a regra.

Essa festa foi um dos pontos mais altos daquele trecho. Eles não eram proprietários de Harley-Davidsons. Era um pessoal, em sua maioria sem recursos para isso, que apenas sonhava em ter motos como as nossas. Ao mesmo tempo, eram motoamigos que compartilhavam dos mesmos valores que eu e o Edinho, e fizeram questão de nos mostrar sua comunidade. Aliás, esse vídeo é um dos mais comentados pelos seguidores do canal.

Na festa, vimos motos muito bizarras, trabalhadas artisticamente para chamar atenção e refletir as personalidades de seus donos, customizadas com pinturas, caveiras, chifres, tudo o que você possa imaginar. Cada moto era uma obra de arte e chamava mais atenção do que a anterior. Os donos se mostravam orgulhosos disso, como não podia deixar de ser.

Atrasar um pouco nossa chegada a Bogotá valeu muito a pena. Esse encontro não programado nos possibilitou conhecer, de maneira mais realista e íntima, a comunidade de motociclistas locais. Participar da parada de motos com eles, para a animação do público que assistia, ao som de rock de qualidade, proporcionou um sentimento de pertencimento muito forte para mim.

Conhecemos gente bem louca e muito acolhedora, foi divertido pacas, e, depois de toda a comemoração, seguimos pelas montanhas, mais uma vez, a caminho de Bogotá.

Esse trecho foi logo interrompido por dois caminhões parados na estrada, bloqueando totalmente a passagem, o que nos forçou a sair da moto sob o sol forte, para conversar com os viajantes. Descobrimos o que tinha acontecido. A bateria de um deles havia arriado, deixando-o numa posição que impedia qualquer veículo de passar, bloqueando todo mundo.

Não adiantaria ficar impaciente numa situação dessas; portanto, aproveitei e coloquei um rock n'roll no som da moto, deixando a turma inteira de viajantes feliz, já que não tinham mesmo para onde ir. Enquanto isso, a polícia tentava tirar o caminhão de lá. Os membros do exército colombiano foram muito legais com a gente; acho que, por causa de tanta insegurança em relação aos conflitos no país, entre militares e membros das FARC, o governo deve ter implementado algumas diretrizes para que os militares deixassem as pessoas mais tranquilas. Sempre que passávamos de moto por um militar na estrada, de roupa camuflada e rosto pintado, ele fazia um "joinha" com a mão e sorria. Até que ponto isso trazia mais paz de espírito para os locais eu não sei, mas nossa experiência com eles foi tranquila. Guardei uma foto incrível com esses militares.

Depois que o problema foi resolvido, descobrimos uma serra deliciosa de subir, com muito verde e curvas suaves, que registrei com a câmera no capacete.

A chegada a Bogotá nos trouxe de volta para a realidade, com um trânsito infernal e carros sem o menor respeito pelos motociclistas, o que tornou esse trecho bastante estressante. Chegamos num domingo e descobrimos que o dia seguinte seria um feriado, de forma que pudemos ver o jogo do Brasil contra o México, da Copa do Mundo, no hotel.

No dia seguinte, fomos conhecer a Catedral de Sal, um lugar que me deixou boquiaberto. Trata-se de uma caverna escura e fria — antes, uma mina abandonada —, que mostra, de forma poética, os passos de Jesus. Um dos aspectos mais incríveis é seu jogo de luzes coloridas nas rochas, que proporcionam uma sensação de euforia e deslumbramento, mesmo para quem não é religioso.

É difícil dar a dimensão daquele lugar, por isso fico aliviado de ter filmado tudo. A Catedral de Sal é quase um mundo subterrâneo, uma experiência imersiva e sensorial ao extremo. O lugar é tão incrível que, num concurso feito em 2007 para escolher as Sete Maravilhas da Colômbia, foi o que obteve a maior votação, tornando-se a maravilha número um do país. Trata-se de um lugar monumental, que atrai meio milhão de turistas por ano.

O efeito das cores das luzes de LED na catedral é definitivamente seu aspecto mais interessante, criando imagens que ficam impregnadas na memória. Essas cores vão mudando, para criar sensações diferentes em cada parte da construção. De que exista outro lugar assim no mundo eu sinceramente duvido. No total, a Catedral tem cerca de dois quilômetros de galerias. É enorme, mesmo, e você se sente minúsculo lá dentro.

Palavras não são capazes de descrever o quanto essa catedral subterrânea é deslumbrante. Recomendo fortemente essa experiência transformadora.

Leia o QR code para assistir ao episódio "Volta ao mundo de moto - Chegamos na Colômbia" no Youtube

UMA PORRADA INESQUECÍVEL

Aos quinze ou dezesseis anos, mais ou menos na época em que comprei a primeira moto, minha situação familiar foi me deixando rebelde. Comecei a virar um adolescente meio problemático e acabei me metendo numa gangue de rua, para conseguir um pouco de validação e reconhecimento.

Entrei em brigas, fiquei com o ombro zoado uns vinte anos — ele deslocava todo mês —, foi uma fase problemática mesmo. Antes da moto, havia a bicicleta Brandani, e me arrebentei muito com ela, porque ia até o topo da serra, depois soltava o gancho e descia igual a um alucinado. Eu me arrebentei muito, ralei tudo que você possa imaginar, cada pedaço do corpo. Fiquei fodido um tempão.

Nunca vou esquecer a maior mágoa que senti do meu pai. Assim como as viagens para o sítio, onde dormíamos no chão, enquanto ele dormia com a namorada, no quarto, eu e meus irmãos tínhamos outra alegria: o Natal. Mesmo sem gostar dos meus avós, o Natal era importante para todo mundo; para eles, por ser aquela comemoração tradicional, religiosa e familiar; para nós, porque éramos crianças, havia comida e presentes, e podíamos passar um tempo com meu pai. Foi num desses natais, quando eu já estava no final da adolescência, que meu primo Leonardo me abordou e falou assim:

— Pô, e aí, primão? Legal a casa do seu pai, eu fui lá!

— Que casa? — perguntei.

— Uma casa muito maneira, que ele comprou na Barra. É um casão!

Caraca, aquilo bateu forte no meu peito. A gente passando perrengue de comida, de roupa, de tudo. Meu pai, só às vezes, pagava a pensão, sempre dizia que não tinha dinheiro, e a minha mãe acreditava nele. Os filhos sendo despejados, ano sim, ano não, e, enquanto isso, ele construindo uma supercasa na Barra, às escondidas. Fez uma festa de inauguração e convidou todo mundo, menos nós. Não queria que soubéssemos que as obrigações dele como nosso pai, de fornecer o básico de alimento, moradia, roupa e educação, estavam sendo convertidas para aquela casa.

Aquilo foi uma porrada da qual jamais vou me esquecer; e, quando pensava nisso, era o lobo mau que eu alimentava, porque ainda achava impossível perdoar meu pai.

MINHA BANDA DE HEAVY-PUNK-METAL-
-HARDCORE-THRASH-METAL-ULTIMATE-
-UNLIMITED COM O MR. CATRA

Uma coisa que esqueci de contar sobre a Banda Beko, minha banda de adolescente, é que o vocalista era um cara chamado Wagner. Vocês o conhecem como Mr. Catra, como se chamou quando fez sucesso, mas, na nossa época, o apelido dele era Negativo. Não me julguem. Como eu disse, os anos 1980 e 1990 foram a Era de Ouro do Bullying e ninguém estava preocupado se o apelido era racista ou não.

Eu queria fazer música, mas o Wagner queria muito ser famoso. Nossa oportunidade chegou quando o Colégio São José, uma escola nobre, na Tijuca, decidiu fazer um sarau com várias bandas locais. A ideia era oferecer um palco e equipamento para todas essas bandas se apresentarem. E lá foi a Banda Beko se inscrever.

No dia da inscrição, fomos eu e o Wagner, já que o resto da banda não pôde comparecer. Os representantes dos grupos estavam numa sala de aula, onde alguns professores cuidavam das inscrições. Chamavam um a um, e o cara falava o nome da banda e o tipo de música que tocava; banda X — pagode; banda Y — axé; banda Aquilo — rock n'roll. Na época, a cena do metal estava muito forte. Todo mundo ouvia rock pesado, fazia muito sucesso.

Eis que o professor chama a gente, e o Wagner nos apresenta como uma banda death-metal-trash-alguma coisa. Sinceramente, não lembro o nome, mas sei que o professor até arregalou os olhos. Imagina a descrição mais foda, mais pesada possível para uma banda de metal. Foi o que o Negativo falou.

Eu olhei para ele e falei:

— Caralho, a gente não é isso não, cara. A gente é um pop-bichona, entendeu? A gente toca uma música, tipo, pouco melhor do que Menudo.

E era verdade. A Banda Beko era uma mistura de Mamonas Assassinas com um pouquinho de Ultraje a Rigor; aquele tipo de música engraçadinha, com umas letras divertidas, umas piadas... Mas era tarde demais.

Chega o dia do sarau. Éramos a primeira banda. Os organizadores haviam decidido colocar as bandas mais populares no horário da noite e todas as bandas de rock e metal, à tarde; ou seja: a Banda Beko não apenas abriria o show, mas abriria o show para as bandas de metal. Não surpreendentemente, quando olhamos a plateia, vimos um mar de homens cabeludos, com correntes, couro, pregos nas mãos, tatuagens e rostos pintados *à la* Kiss.

A primeira música na nossa setlist era "Japonesinha". A música tinha um toque oriental. Começamos:

> "Conheci uma japonesa
> Minha nossa, que beleza!
> Tinha um corpinho chocante
> Ela era elegante
> Era muito atraente
> Sabia como nos levar
> Com seu jeitinho meigo
> Qualquer um podia se apaixonar."

Antes de chegarmos ao primeiro refrão, um japonês-troglodita, que, por sinal, já tinha algum tipo de treta com o Negativo, pegou um isqueiro e tacou fogo no palco.

Ele tacou fogo no carpete do palco com a gente tocando.

Pegou a corrente que usava em volta do corpo, tirou e bateu no palco. Caraca, foi fumaça, cheiro de carpete queimado, correria, aquela coisa de tentar salvar o equipamento, as guitarras, a porra toda. Saímos correndo do palco do São José.

Descanse em paz, Wagner.

"VELHO DEMAIS PARA ESSA MERDA"

Você se lembra do filme *Máquina Mortífera*, com a dupla de policiais Briggs e Murtaugh (Mel Gibson e Danny Glover)? O Murtaugh tinha uma frase clássica: "Tô velho demais para essa merda". E eu estou velho demais para a merda do meu ombro deslocado, problema que o parceiro dele no filme, o Martin Riggs, também tinha.

Embora o personagem de Mel Gibson tenha se machucado por ser um herói, um ex-boina verde, eu desloquei meu ombro numa briga de gangue, quando tinha uns dezessete anos. A parada inteira aconteceu por causa de umas meninas.

Na época, eu ainda não tinha nada de grana e morava no Andaraí. Tinha dois amigos, o Deco e o Maury. Infelizmente, esse amigo Deco, justamente por ser pobre e estar sempre rodeado de gente ruim, acabou tomando algumas decisões que o levaram a fazer umas besteiras e morreu, bastante tempo depois dessa briga.

Um dia, três meninas que davam mole para a gente nos chamaram para jogar algum jogo de tabuleiro na casa delas; acho que era Banco Imobiliário. Aí a gente foi, né? Foi tudo muito inocente. Bebemos algumas cervejas, ninguém pegou ninguém, e, quando já estava tarde da noite, decidimos ir embora.

Na saída, demos com uma daquelas turmas de rua. Eram uns cinco ou seis caras que começaram a mexer com a gente, provocar, procurando encrenca, até porque parecia que um deles gostava de uma das meninas que tinham passado a tarde com a gente.

Eu fiz as contas e decidi que não queria treta. Afinal, eles estavam em maior número. Só que esse meu amigo, o Maury, era baixinho e superestourado. Nós viramos as costas e fomos andando para não tretar, mas eu já sabia que o sangue estava subindo para a cabeça do Maury. Quando estávamos bem na frente e eu já me sentia aliviado, o Maury virou para eles e provocou:

— Qual é, não gostou? Vem aqui, então, porra, seus otários!

Só que os caras não foram para a briga. Eles ficaram quietos. Isso deu uma puta confiança para a gente. Enchemos o peito e ficamos nos achando. "Metemos medo nos caras." Então, começamos a mexer com eles, coisa de adolescentes idiotas. Decididos a brigar, nossa ideia era chamar nossos amigos, que eram maiores, recrutar os guerreiros para o combate — como o Álvaro, que era fortão.

— Isso não vai ficar assim. A gente vai voltar lá e quebrar tudo.
— É isso mermo, porra!

Fomos até a casa do Álvaro, na rua Uruguai, com esse discurso, esquentando para a briga, só que ele não estava lá. De repente, a gente se viu cercado de moleques. Eles tinham feito a mesma coisa: recrutado os amigos para a treta. Sei lá, juntaram uns quinze caras.

Bom, eu já tinha catado merda, vendido giz e sanduíche natural na praia, era mais malandro de conversa. Sabia que, no quinze contra três, a gente ia apanhar, muito. Para ajudar, estava naquela época de boxe tailandês, que era moda, e os caras estavam usando os uniformes, como se tivessem acabado de sair da academia. Cena de *Karatê Kid*.

Cercaram a gente.

Aí eu comecei a desenrolar. Tinha um que parecia o chefe da turma e me dirigi direto para ele, dizendo:

— Que isso, amigo? A gente aqui é tudo irmão da Tijuca, tudo da mesma área...

Eles eram de uma gangue chamada GM — Gangue Maldita. Anos oitenta, né? Era época de gangue no Rio de Janeiro. Eu sabia que o chefe, que não estava lá na hora, era conhecido como Budis. Era um negão de uns 2 metros de altura — ou era o que parecia para a gente, na época. Lembrava o Evander Holyfield. Era bem mais velho do que nós; então, na nossa cabeça, era um monstro. Eu não tinha contato nenhum com esse cara, mas sabia o nome dele e usei na conversa, falando:

— Pô, mermão, a gente é amigo do Budis. Não precisa disso e tal...

O cara já estava baixando a guarda. Até falou:

— Pô, beleza.

Não íamos mais apanhar. Eu já antecipava o alívio, saindo da confusão sem nenhum arranhão, rindo de nervoso, voltando para casa numa boa e indo para a cama; só que, enquanto eu estava negociando a escapada da surra com esse cara, o Maury estava discutindo com outro moleque. Aí tudo explodiu.

O Maury virou um socão no outro cara, e nessa os lutadores de boxe thai começaram a pular. Foi porrada de tudo que é lado. Porrada, bica, chute, soco. Eu, o Deco e o Maury lutávamos como podíamos, dando socos pra lá e pra cá, na tentativa de nos defender e bater em alguém, também.

Nessa época, eu era meio heavy metal, andava de coturno. Um dos caras do boxe tailandês estava na minha frente. Eu não era pequeno, já era grandinho pra minha idade. Lembro que dei uma bicuda com o coturno que quase quebrou o braço dele, mas foi o único chute que eu dei. Alguém veio por trás e me deu uma pisada no ombro, aí deslocou. Uma dor lancinante atravessou meus nervos, e, mesmo no calor do momento e cheio de adrenalina, eu soube que tinha dado alguma merda. O osso parecia que ia pular. Você perde o prumo, cara.

Para compensar a dor e a mudança repentina na sua postura, você enverga, fica com a cabeça mais baixa para se equilibrar. Nisso, eu estava levando porrada na cara, soco... Ainda dei uma sorte do caralho, porque, na hora em que a gente começou a apanhar pra valer, passou um amigo de carro com mais três amigos e me reconheceu. Eles buzinaram, abriram a porta berrando e acabaram espantando os caras do boxe tailandês, senão a gente tinha se arrebentado muito. Sei lá o que podia acontecer, porque era muita gente e não tínhamos nenhum controle. Eu não sabia em que aquilo podia dar, então esse amigo meio que me salvou.

Só que eu ainda estava com o braço deslocado. O Deco estava todo roxo, o Maury também, todo arrebentado. Então fomos para o hospital do Andaraí.

O problema é que, com o ombro assim, você perde completamente a posição de andar, anda como um corcunda, com um braço para um lado, o corpo para o outro, para tentar compensar aquela coisa da pele esgarçando. Lá estávamos nós, caminhando meio *The Walking Dead* até o hospital, quando a segunda onda de sorte bateu.

No caminho, um médico que estava indo para lá, ortopedista, viu meu ombro e decidiu parar para ajudar. Ele pegou meu ombro, fez um movimento e botou no lugar. Foi incrível a forma fácil e rápida como ele resolveu a parada lá, na hora, mas é claro que era um ajuste temporário. Continuava doendo muito, e eu fui para o hospital, engessar.

Quando chegamos à emergência, encontramos uns três caras da Gangue Maldita. Um deles era o que eu tinha machucado com o coturno, então fiquei muito orgulhoso de mim; mas lá, no pronto- -socorro, em vez de brigar, fiz logo uma piada. Soltei:

— É, vocês estavam em quinze, né? A gente só estava em três e tem dois no hospital, um meu e um de vocês, hein!

Por sorte, eles acharam graça, e a brincadeira quebrou a animosidade. Saí do hospital todo engessado. Só ficou um braço para fora.

Talvez se isso tivesse acontecido com outra pessoa, ela teria se curado e nunca mais tido problema no ombro. Só que, depois de três dias com o gesso, não aguentei. Peguei uma faca igual a um alucinado e rasguei aquele gesso, amarrando meu braço com uma cordinha, que fiz de tipoia.

Graças à minha impaciência, meu braço nunca mais ficou bom e, ao longo da vida, deslocava frequentemente. Qualquer movimento mal calculado, ele deslocava. Era um inferno, cara. Deslocava transando; deslocava dormindo, caso eu dormisse de barriga para baixo, com o braço aberto; deslocou uma vez quando eu estava chegando a um pedágio e tive que pegar uma bolsa na parte de trás do carro. Deslocava jogando sinuca, tênis, pingue-pongue, qualquer coisa.

Foi só aos quarenta e poucos anos que fiz uma cirurgia e melhorou, mas convivi com esse inferno por décadas. Tudo por causa do esquentadinho do Maury; e, claro, desse meu comportamento camicase. Ainda dói, às vezes.

A HISTÓRIA DO FAZENDEIRO

Quem sabe como teria sido minha vida se eu não tivesse conhecido a Patrícia? Ela era o completo oposto de mim, e eu gamei nela.

A doce amada era amiga de cursinho de inglês da minha irmã; a clássica trama do irmão com a amiga da irmã. Ela era bonita, inteligente e peituda — eu adoro mulher peituda. Além disso, a Patrícia era calminha, toda meiguinha, e o jeito dela me encantou. Embora eu tenha dado em cima dela por um tempão, ela não parecia muito empolgada comigo.

Não era para menos: eu vivia esculhambado, sujo, pobre. Usava o mesmo estilo de cabelo do Chitãozinho e do Xororó. Tocava violão; então, tinha unha comprida, e essa era a época em que minha moto se chamava Sandrinha. Resumindo, era o protótipo de tudo o que a Patrícia, iniciando o pré-vestibular para cursar medicina, não queria para ela.

Só que eu não desisti e, com meu charme, acabei conquistando aquela mulher incrível, que passou em medicina, na UERJ, enquanto eu não tinha nem terminado o segundo grau. Ninguém, na época, falava sobre um grande problema que eu tinha: o déficit de atenção. Eu tinha reprovado de ano uma vez ou duas e não tinha muitas esperanças de fazer faculdade.

Eu queria trabalhar, ganhar dinheiro, e, naquela época, faculdade tinha outro peso. Você precisava de diploma para entrar em uma boa empresa. Hoje, temos profissões que independem de estudo formal, desde youtuber a tatuador, mas ainda não estávamos nessa fase. O fato de a Patrícia ser estudiosa e certinha e eu querer impressioná-la também me impulsionou a procurar um curso superior. Então, corri para um supletivo.

Era um lugar chamado Colégio Regente, no Andaraí, no Rio de Janeiro; um supletivo bem fraco, daqueles em que você faz o segundo grau, sei lá, em seis meses ou um ano. Foi assim que consegui terminar o ensino médio.

Por fora, eu estava correndo atrás, estudando um pouco todo dia, lutando contra um déficit de atenção que eu nem sabia que existia; por dentro, meus pensamentos eram: "tenho que entrar pra faculdade de algum jeito. *Não tenho* nenhum preparo acadêmico. Nunca vou passar pra porra nenhuma".

Eu já gostava muito de tecnologia, naquela época. Era mais fácil me ver cursando algo pelo qual já nutria afinidade, mas não podia pagar uma faculdade — e não tinha a menor condição de passar para uma federal.

Foi nesse momento que minha mãe, dona Glória, tirou uns coelhos da cartola. Ela ligou para uma tia minha, a Miriam, do lado da família paterna — aquela que nos tratava meio mal e sabia que passávamos por dificuldades, embora fingisse não ver. Minha mãe a convenceu (não sei como) a ajudar a pagar minha faculdade.

Comecei a procurar a universidade mais barata que existia no Rio de Janeiro. Foi esse meu critério. Para mim, era melhor ter qualquer uma do que não ter nenhuma. A faculdade de tecnologia dos sonhos seria a PUC, é claro, mas isso era impossível. Eu pensava: "vou fazer uma de oitocentos reais, quinhentos reais...". E a mais barata do planeta era a Universidade Celso Lisboa, só que eu não tinha dinheiro nem para ela.

Vou interromper a história aqui para explicar algo que a filosofia estoica me ensinou na teoria, e a estrada me ensinou na prática:

> não existe bom ou ruim. Só existe a nossa percepção do bom e do ruim.

Veja bem, eu achava que aquilo era a pior coisa, afinal não tinha dinheiro nem para fazer a faculdade mais barata do Brasil.

Existe uma história budista — que vou contar do *meu* jeito — que é mais ou menos assim: um fazendeiro estava caminhando pela sua fazenda quando viu um cavalo se aproximar. Seu vizinho comentou:

— Que sorte a sua! Ganhou um cavalo sem esforço.

— Quem pode dizer se isso é bom ou não? — respondeu o fazendeiro.

No dia seguinte, ele acordou para ver que o cavalo havia fugido. O vizinho fofoqueiro disse:

— Caramba, parceiro, que azar, hein? Ele fugiu e ainda quebrou sua cerca...

— Quem pode dizer se isso é bom ou não?

O vizinho fez uma cara de "puta cara chato" e voltou para sua casa. No dia seguinte, o cavalo voltou, trazendo mais quatro cavalos consigo. O vizinho comentou que o fazendeiro tinha mesmo sorte e recebeu a mesma resposta. Pouco depois, o filho do fazendeiro foi andar a cavalo, caiu e quebrou a perna. O vizinho comentou sobre o azar e ouviu a mesma resposta:

— Quem sabe se isso foi bom ou ruim?

No dia seguinte, o exército apareceu na fazenda para recrutar os jovens para a guerra. Não puderam levar o jovem filho do fazendeiro por estar com a perna quebrada.

Lembra quando a pedra quebrou minha roda e eu achei que fosse a maior merda que podia ter acontecido? Só que, depois, tudo se resolveu. Conheci pessoas novas e tive um jantar superagradável com elas e uma boa noite de sono. Minha percepção momentânea daquela pedra foi que ela tinha me trazido azar. No final, não era bem isso. Quebrar a roda não é bom nem ruim, quem tem a percepção de bom ou ruim somos nós.

Então, o que que aconteceu com a história da faculdade?

Bem, um grupo de alunos havia entrado com um processo contra a universidade. Com a ajuda do advogado, conseguiram garantir que os alunos ingressantes pagassem as mensalidades *sob judice*. Além disso, em vez de pagar os quinhentos reais por mês, pagaríamos só duzentos e cinquenta. A faculdade não podia impedir que eu fizesse as aulas ou as provas porque tinha esse imbróglio na justiça. No final, minha tia pagou essa metade, e, quando terminei o curso, tive que pagar o restante, mas eu consegui. Foi assim que me graduei.

Aprendi muita coisa na faculdade? Não. Eu já conseguia uns trabalhos na área, e programador, na época, ganhava um bom dinheiro (embora nada comparado a hoje em dia). Então, eu achava tudo aquilo muito bobo, mas precisava daquele canudo.

Paralelamente, vivia juntando grana para trocar de moto. Andava com uma moto ruim, terminava de pagar as prestações, vendia, juntava um dinheirinho e comprava uma nova, em bilhões de parcelas. Era um ciclo. De moto em moto, eu segui.

O próximo passo era me casar — e até para me casar eu passaria por um perrengue.

AMÉRICA DO SUL

Nossa viagem pela América do Sul totalizou aproximadamente 10 mil quilômetros e durou uns 35 dias. Fomos do Brasil para a Argentina, o Chile, o Peru, o Equador e a Colômbia. Tinha chegado a hora de ir para a América Central.

Saí da América do Sul com a sensação de que era um continente para quem gostava de aventura, como eu; um lugar onde você pode testar suas habilidades com a moto e sentir que está mesmo desbravando um continente. A Argentina, depois as cordilheiras, o Chile, toda aquela costa chilena, são lugares inóspitos, de estradas de terra. É uma viagem bem raiz, que combina com tudo o que eu queria sentir nessa empreitada. Outro aspecto positivo do trecho é que se vê pouco turista e é possível ter mais contato com o povo local, com feições indígenas, tão cheios de tradições.

É um lugar em que você tem bastante contato com a natureza pura, sem ter sido muito modificada pelo homem. Apesar de ser um lugar desafiador, com pouca estrutura, poucos postos de gasolina nos lugares mais afastados, e de eu estar ciente, durante a viagem, de que tinha que ficar mais esperto, não tive experiências ruins na América do Sul. Para ser bem sincero, acho que justamente esse risco, essa incerteza sobre o terreno tornaram o trecho tão memorável para mim. Quando acabou, carreguei aos outros continentes a sensação de saudades, mesmo, de querer voltar.

> Leia o QR code para assistir ao episódio "Volta ao mundo de moto - Mandamos as motos para o Panamá" no Youtube

---

Chegando à empresa Cargo Pack, em Bogotá, Colômbia, conhecemos John, o CEO, que foi excepcionalmente solícito e nos ajudou com todo o processo de enviar as motos por avião ao Panamá. É claro que eu queria ter atravessado, de um continente até o outro, de moto, mas realmente não tinha jeito. O que acontece é que não existe estrada entre a Colômbia e o Panamá, havendo só uma selva, chamada Estreito de Darién, praticamente intransponível.

Milhares de migrantes arriscam suas vidas ao tentar atravessar, a pé, o Estreito de Darién, em busca de uma vida melhor. E o lugar é tão perigoso que, ironicamente, virou uma excursão turística para europeus. De acordo com um artigo do jornal *O Globo*, "eles se apresentam como 'uma startup de aventuras'".

Os contrastes são brutais. Enquanto turistas europeus pagam, além dos voos de ida e volta até o Panamá, 3 mil ou 5 mil euros — o equivalente a R$ 13.400 —, que incluem seguro para resgate de helicóptero, em caso de acidente, os migrantes podem morrer na selva, por falta de resgate. De acordo com o Projeto Migrantes, da Organização Internacional para as Migrações (OIM), na rota de Darién, entre janeiro de 2018 e 2 de junho de 2023, ao menos 258 pessoas morreram ou desapareceram, das quais 41 eram menores de idade.[1]

Alguns caras tentaram atravessar de moto pequena e não deu certo. Com as Harleys, não seria aventura, mas imbecilidade. Por isso, o jeito foi despachar nossas companheiras de viagem e encontrá-las já no Panamá.

Esse processo de colocar a moto no avião é cansativo, levando de quatro a sete horas, mas a despedida da minha moto acabou sendo suavizada pela experiência emocionante de acompanhar os colombianos ao jogo da Colômbia, no escritório da empresa, bebendo whisky e comemorando cada gol com berros, aplausos, vuvuzelas e aquela zona deliciosa típica dos latino-americanos.

Aí veio o anticlímax: a Colômbia perdeu, ferrando o clima da galera, que voltou a trabalhar com "cara de bunda", enquanto eu e o Edinho nos preparávamos psicologicamente para voltar ao Brasil e trabalhar um pouco, passar tempo com a família, dormir em camas melhores e comer um pouco de arroz com feijão, antes de reencontrar as motos — desta vez, na América Central — para continuar nossa aventura.

O VESTIDO DE NOIVA

Na época em que eu e a Patrícia decidimos nos casar, os assaltos a moto eram ainda mais comuns do que hoje. Todo amigo que tinha moto, em especial as mais cobiçadas, já havia sido assaltado.

---

[1] OQUENDO, Catalina. Europeus pagam R$ 13 mil para fazer turismo no estreito de Darién, perigosa rota de migração internacional. *El País - Bogotá* (16/06/2023). Disponível em: https://oglobo.globo.com/mundo/noticia/2023/06/europeus-pagam-r-13-mil-para-fazer-turismo-no-estreito-de--darien-perigosa-rota-de-migracao-internacional.ghtml. Acesso em: 7 set. 2023.

Estava eu com a CB 450 DX, feliz da vida. Amava minha moto, pois era a maior conquista da minha vida até aquele momento. Era a moto mais foda nos anos 1980, e, para comprá-la, precisei ir subindo de degrau em degrau, comprando, pagando parcelado, trocando por uma moto um pouco maior, até o dia em que consegui minha CB. Acontece que o seguro era muito alto, uma coisa que, na época, eu nem sonhava em pagar. Ciente de que andar de moto era um risco, devido aos assaltos, eu pilotava muito rápido. Na minha cabeça, se estivesse voando com a moto, um ladrão não conseguiria me pegar.

Trabalhava em Botafogo, na rua Pinheiro Guimarães, todos os dias. Parava no estacionamento da empresa e, na hora de ir embora, botava o capacete e disparava igual a um maluco.

Hoje, olhando para trás, percebo facilmente que sempre fui assim. Sempre tive pressa e me mexia mais rápido, fazendo tudo correndo. Isso tinha muito a ver com a crença de que, se andasse no dobro da velocidade dos outros, conseguiria sair de onde estava, na vida (física e metaforicamente), e alcançaria algo melhor, algo que eu almejava.

No fundo, é isso o que a moto é. Ela vai na velocidade que eu quero. Enquanto os carros ficam parados no trânsito, a moto me dá a possibilidade de costurar por entre eles, por entre os obstáculos, e chegar aonde os outros não estão conseguindo. Essa conexão entre a minha psique, meus traumas e desejos, com a minha moto eu senti ainda muito jovem.

Como um lobo, eu disparava, quando queria. Tinha como chegar antes dos outros, tinha como não ficar parado, desde que tivesse uma moto. Era um instrumento para extravasar minha pressa de viver.

No dia em questão, acordei diferente. Estava estranhamente tranquilo, muito calmo, mesmo. Naquele dia, por algum motivo, resolvi andar mais devagar. Nem parecia eu mesmo. Sabia, em algum lugar nas minhas entranhas, que seria um dia diferente; mas não permitiria que aquela sensação me parasse: então, subi na moto e fui trabalhar. Morava no Andaraí e tinha que chegar a Botafogo, então peguei o corredor e segui. Pensava na Patrícia, porque estávamos prestes a nos casar.

Estava ultrapassando um ônibus parado do lado direito quando uma senhora atravessou por trás do ônibus, correndo. Ela me acertou de lado, e fui para o chão, estilhaçando o espelho esquerdo, o único que usávamos na época.

Quando você cai de moto, leva aquele susto, é claro, mas estava devagar e percebi que não tinha me machucado (e a senhorinha também não, apesar de ter caído). Mas, então, a partir daí eu estaria pilotando sem o espelho esquerdo, que era o que me permitia olhar para trás.

Chegando ao trabalho, deixei a moto no estacionamento e subi para trabalhar normalmente. Mais uma vez, fiquei surpreso por estar tão calmo, o que não combinava comigo. Naquele dia, estava muito feliz, porque tinha comprado um vestido para a Patrícia, numa loja de departamentos, que era o melhor que dava para comprar. O curioso era que eu já tinha colocado na cabeça que iria me casar e teria que vender a moto, até porque era uma moto cara; eu tinha dado cada centavo nela. A ideia era vendê-la e comprar uma mais barata; usando o dinheiro restante para me casar, mobiliar a casa e tudo aquilo que uma grande mudança acarreta.

Era quase como se alguma coisa estivesse comigo. Pode chamar de espírito animal, ancestral, intuição, seja lá o que for, mas alguma voz me pedia para ir com calma.

Fiz a curva no caminho para casa, levando o vestido da Patrícia na mochila, e escutei atrás de mim um barulho de motos. Pensei que fossem duas motos querendo me ultrapassar e, sem espelho, não tive como conferir.

O que aconteceu?

Dei passagem, encostando minha moto, e vi duas CBs iguais à minha, cada uma com dois caras, todos armados.

Eram quatro pistolas apontando para mim, enquanto eles me cercavam, saindo rapidamente das motos.

— Sai da moto, passa a moto, passa a moto, sai da moto!

Só que a moto era tudo o que eu tinha. Eu tinha dado sangue, suor e lágrimas para juntar a grana para comprá-la. Hesitei, sem querer sair dela. Levei uma pancada no capacete. Fui me levantando devagar.

Um dos assaltantes, nervoso por eu estar demorando, deu uma estudada em mim, provavelmente tentando entender por que eu estava hesitante, e notou minha mochila.

Eles pegaram minha moto, arrancaram a mochila, enquanto meu sangue fervia e eu pensava no que fazer, e, acelerando, sumiram do meu campo de visão. A raiva subiu, mas eu ainda estava mais calmo do que tinha estado em qualquer momento da minha vida antes daquele; e fui entendendo que, se estivesse com o espelho, teria tentado fugir deles.

Eu me conheço bem o suficiente para afirmar, com toda a convicção, que teria tentado fugir para não entregar aquela moto e aquele vestido. Só que eram quatro bandidos sem nada a perder, com quatro pistolas. Se eu tivesse fugido, eles teriam me matado.

Esse dia foi foda, cara. Eu fiquei transtornado; até porque, na época, não tinha essa clareza de perceber que o acidente da manhã, daquela senhora que me atropelou, tinha quebrado só uma coisa na moto: meu espelho esquerdo. Era como se alguém soubesse que aqueles caras iam me achar, naquele dia, e me assaltar, e pensasse: "o que preciso fazer para esse cara agir diferente?".

Sinto até hoje que aquele acidente com a senhora foi algo arranjado, uma interferência de uma coisa que nunca vou saber o que foi.

Sem seguro e sem dinheiro, fiquei inconformado com aquele assalto. Por um tempo, tive pesadelos com os quatro garotos. Eram quatro moleques brancos, bem-vestidos. Pareciam playboys da Zona Sul. Guardei a cara deles, fiz questão de não esquecer, pensando: "vou fazer justiça com as próprias mãos. Vou perguntar pra todo mundo. Vou encontrar minha moto".

Os pesadelos me perseguiam, e, num deles, vi um bandido na minha moto, com uma mulher na garupa usando o vestido da Patrícia. Aquilo me deu uma raiva de outro mundo; uma raiva vermelha, quente, que me abalou muito. Essa foi a época em que fiquei alguns anos sem moto. Não queria mais.

Mesmo sem o vestido, estávamos de casamento marcado. Se, antes, eu tinha a possibilidade de vender a moto e ficar com um trocado para bancar uma pequena festa, agora não tinha mais nada. Meu futuro sogro, apesar de ser muito muquirana, nos ajudou, naquela época, a dar entrada no primeiro apartamento e a comprar alguns eletrodomésticos. Sou grato a ele por isso.

Eu ainda trabalhava na empresa de engenharia em Botafogo, e, perto de lá, um cara tinha aberto um restaurante self-service bem simples, apesar de ter sido reformado e estar bonitinho. A comida era bem barata e aquilo chamou minha atenção. Pensei: "vou chegar nesse cara e fazer uma proposta".

Falei com ele alguma coisa do tipo:

— Olha, vou trazer um monte de amigo aqui pra você e quero pagar o almoço deles. O senhor faz pra mim por vinte reais cada?

Seria em uma terça ou quarta-feira, dias em que não tinha muito movimento lá. Eu não podia falar que era um casamento, porque ele cobraria uma fortuna, então falei que era uma comemoração, uma festinha.

— Quantas pessoas você vai trazer? — ele perguntou, o rosto mostrando uma mistura de animação e desconfiança.

Falei que levaria umas oitenta pessoas. Ele achou ótimo, porque tinha que pagar a reforma do restaurante e o lugar ainda nem tinha clientela. Fechamos.

Imagine a cara dele quando chegou o dia e entramos eu, de terno, a Patrícia, toda arrumada, e um monte de gente enfeitadinha! Foi assim que meu casamento saiu muito barato e ainda ganhei um freezer do dono da empresa em que trabalhava. Foi aí que eu percebi que ele estava reconhecendo um cara de 24 anos — então era porque eu mandava muito bem mesmo! Percebi meu valor para ele, naquele momento, e estava ainda mais motivado a fazer sempre o melhor.

É uma pena não termos recordações daquele dia, porque não tínhamos condições de ter um fotógrafo ou alguém para filmar. Eu e a doce amada pensamos em nos casar "direito", agora que podemos, mas ainda não decidimos de que maneira. Ela, às vezes, fala que não teve festa. Aí eu digo:

— Você teve festa! E o self-service, pô?

AMÉRICA CENTRAL

O trecho da América Central começou no Panamá, onde eu e o Edinho tínhamos que buscar nossas motos.

Rever minha Pantera Negra me encheu de alegria e não consegui disfarçar a emoção ao gravar o vídeo para o *Eu e Minha Moto*. Lá estava minha companheira, gelada do voo; só que a alegria durou pouco, porque, quando tentei ligar a moto, ela não ligou. O que rolou foi que, na hora de guardá-la no avião, esqueci de desconectar os cabos, então a bateria havia descarregado. Valeu a lição, é claro, porque nunca mais cometi esse erro.

Como nada seria capaz de me desanimar naquele começo de um novo trecho, esperei pacientemente que a moto fosse ligada — os caras de lá conseguiram dar uma carga — para poder sair do aeroporto.

Lá fora fazia 35 ºC, que parecia bem mais quente para quem tinha saído do inverno, no Brasil, como nós. Uma das nossas primeiras paradas foi a Harley-Davidson do Panamá, onde fomos muito bem recebidos. Fiquei surpreso ao constatar que os preços das motos lá estavam bem em conta, perdendo só para o Brasil. Eles deram um talento na minha Pantera Negra, e ela ficou zeradinha, pronta para desbravar um novo continente.

No século XVII, o pirata Henry Morgan — sabe aquele, do rum Captain Morgan? — ateou fogo à antiga Cidade do Panamá, e as ruínas viraram um ponto turístico. Já a cidade construída depois do saque dos piratas, batizada de Casco Viejo, é uma belíssima cidadezinha, que lembra o bairro de Santa Tereza, no RJ, mas melhorada. Esse centro é um lugar tão agradável que, incentivado pelo Edinho falando "liga liga liga liga" — seu famoso bordão no canal —, decidi voar com o drone, sem saber que era uma área militar.

Fiquei espantado ao ver seis pick-ups pretas enormes passando rápido, coladas uma atrás da outra. Achei curioso, mas tinha que continuar prestando atenção no drone. Um dos carros parou e, de dentro, pularam vários militares armados, berrando para mim, apontando para o drone:

— ¡Baja el drone ahora!

Tomaram o drone da minha mão, furiosos.

Era a hora de ficar calmo. Descobri que o presidente morava ali perto e estava saindo de casa naquele momento. Falei educadamente com eles, elogiei muito o país, afirmei que não sabia que ali era a residência oficial do presidente da República, expliquei que estava encantado com a beleza do país deles e que tinha um canal no YouTube.

Claro, eles quiseram conferir. Enquanto isso, fiz alguma piada de futebol, falei do Pelé, do Neymar e, no final da conversa de poucos segundos, eles começaram a seguir os meus vídeos. Ficamos "brothers", e eles devolveram o drone.

A próxima parada foi no famoso Canal do Panamá, que pode ser visto no centro de visitantes de Miraflores. Trata-se de um prédio de quatro andares, onde você aprende sobre a história de lá num cineminha; depois visita um museu dedicado ao assunto e, finalmente, pode olhar o Canal funcionando. Era um ponto turístico que tínhamos que conhecer.

Basicamente, o Canal foi construído para possibilitar a travessia pelo meio das Américas, sendo que, antes dele, a viagem precisava ser feita contornando todo o continente sul-americano, entre os oceanos Atlântico e Pacífico, o que, além de levar muito mais tempo e demandar mais recursos, também era mais perigoso.

O Canal do Panamá foi um dos maiores e mais desafiadores projetos de engenharia da história, iniciado pelos franceses em 1880, mas abandonado devido a problemas na engenharia e à alta taxa de mortalidade dos trabalhadores (que eram mais suscetíveis às doenças tropicais, como a malária). Em 1904, os Estados Unidos assumiram o projeto e o terminaram em dez anos, assumindo seu controle. Depois de um longo período, o Canal passou a pertencer ao governo panamenho.

O Canal é uma importante fonte de renda para o Panamá, já que os navios que passam por lá — uma média de 38 por dia — pagam um pedágio de aproximadamente 400 mil dólares cada um.

De onde estávamos, era possível ver o seu funcionamento, que tem uma espécie de escada rolante para o navio atravessar e seguir viagem para o outro lado do país. É um mecanismo muito interessante, uma megaobra e um lugar turístico lindo, que vale a pena visitar.

Como bônus, ainda conhecemos um casal de seguidoreiros brasileireiros residindo no Panamá, que, ao ver que estávamos chegando, foi ao nosso encontro. Ele e sua companheira nos deram um insight sobre como é viver no país, que afirmaram ser seguro.

Outra visita que fizemos foi ao monumento que celebra os 150 anos da presença chinesa no país. Logo depois, pegamos a estrada, mas desistimos de chegar à Costa Rica naquele dia, optando por parar numa cidadezinha e encarando uma chuva extraordinariamente forte, que nos deixou ensopados, com mais trezentos quilômetros pela frente.

Na estrada, você acaba tendo que lidar com os elementos da natureza. É inevitável. Aliás, por que querer evitar um aspecto essencial de uma viagem dessas? Vai chover, vai fazer frio, calor, tudo. Minha primeira dica é não deixar isso afetar seu humor. A segunda é: entenda que mudar os planos por causa desses sufocos também faz parte da viagem. Lembre-se de que Darwin nunca disse que só os mais fortes sobrevivem, mas, sim, os mais adaptáveis.

Decidimos parar no primeiro hotel que aparecesse, quando a chuva virou uma verdadeira tempestade e, para ajudar, a moto deu uma apagada e não quis ligar mais. Era tanta água, que ela acabou entrando pelo filtro de ar. Dei sorte de não ter destruído o motor.

Fiquei preocupado, ainda mais porque o Edinho estava na frente e não me viu parando. Depois de umas tentativas, consegui andar, mas, se tirasse a mão do acelerador, ela pararia.

No escuro, no meio da tempestade, conseguimos encontrar um hotelzinho. Tivemos que estender as roupas molhadas pelo chão, torcendo para que secassem, transformando o quarto em um grande varal, secando os sapatos com secador de cabelo; e, pela manhã, um problema ainda nos aguardava: o que eu ia fazer com a minha moto?

A estrada não decepcionou. Ao procurar ajuda, encontramos a Casa da Bateria — por incrível que pareça, no meio do nada, tinha uma bateria perfeita para a Harley; e, quando eu digo isso, não me refiro a ser uma bateria de moto, não. Era de jet ski! Só que tinha a mesma voltagem, amperagem, peso e tamanho.

Em direção a Honduras, os locais nos disseram que a Costa Rica era tranquila, mas deveríamos nos preocupar com a Nicarágua.

Percorremos uma floresta inteira para chegar a uma praia, o Parque Nacional Marino Ballena, que parece a cauda de uma baleia. É uma praia deserta, sem areia, só com pedras. Naquela noite, dormimos em Punta Arenas e nos preparamos para ir à Nicarágua.

No dia seguinte, conhecemos um nicaraguense que ganhava a vida ajudando as pessoas na saída da Costa Rica e entrada para o país; um *tramitador* jovem, uma espécie de despachante, que parecia ser honesto. Eu já sabia que a fronteira seria difícil, mas não sabia exatamente o que esperar.

A Nicarágua é um dos países que mais alimentava minha apreensão. É muita corrupção, e ela envolve seus tentáculos em todo mundo, desde o cara lá no alto da hierarquia até o faxineiro; pelo menos é o que dizem e é a impressão que o lugar deixou em mim. Já aprendi a nunca generalizar, mas as condições daquele país tornam difícil uma pessoa permanecer honesta.

Na fronteira, a corrupção é ainda mais facilitada. Eles sabem que é só inventar um problema qualquer para nos impedir de atravessar, deixando a gente sem opção, senão pagar. É um inferno de fronteira. Dá raiva.

No meu caso, inventaram que eu precisava de uma autorização da embaixada brasileira, emitida com dez dias de antecedência, para atravessar. Eu estava pronto para aquele teatro, então consegui me manter calmo e certo de que conseguiria desenrolar. No final, pediram vinte dólares para nos deixar passar.

Foi uma fronteira horrível, isso eu deixo claro, mas nada perto do que tinham nos preparado para ver. O medo que colocam na gente é muitas vezes exagerado, e, por isso, é sempre bom conferir com seus próprios olhos. Mesmo assim, o plano era passar rapidamente pelo país.

Em Granada, uma cidade histórica, chegamos a algo que parecia o oceano, mas, na verdade, era um lago gigante, o Cocibolca, onde há duas ilhas e um vulcão em cada uma. Achamos hotel na cidade de Estelí, onde conseguimos nos alimentar.

Acordamos com a notícia de que uma brasileira tinha sido morta a tiros na Nicarágua, o que só serviu para aumentar a vontade de atravessar o país e chegar logo a Honduras. Tínhamos 1.005 quilômetros pela frente.

Saímos em um dia ensolarado e muito bonito. Chegando à fronteira, deparamo-nos com uns caras muito pobres, e um deles deu uma limpada na moto. Nessas horas, por mais que ele não estivesse fazendo um bom trabalho, a nossa humanidade bate forte. Dei um trocado para ele, que, pelo menos, estava disposto a trabalhar. Lá os caras ralam.

A polícia da fronteira revistou as motos. Tivemos que pagar 35 dólares para sair da Nicarágua e entrar em Honduras e fomos liberados. Não foi uma fronteira ruim.

Apesar da má reputação, Honduras é um país lindo, principalmente para quem ama a natureza. Honduras tem tipos diferentes de floresta, é lar de uma enorme diversidade de fauna e flora, que incluem oitocentas espécies de plantas; cerca de duzentas e cinquenta de anfíbios e répteis; mais de cem de mamíferos; e setecentas de pássaros. Seu povo é amistoso e alegre.

Saindo de Honduras e entrando na Guatemala, passamos por uma fronteira bem mais tranquila do que as outras, mais organizada e rápida. No geral, descobrimos que a quantidade de *tramitadores* é proporcional à dificuldade para entrar no país. Nesta fronteira, não precisamos de nenhuma ajuda.

Encontramos um casal de motociclistas brasileiros que estavam na estrada há um ano.

Esses encontros sempre são especiais.
Eles nos lembram de que há outras pessoas
apaixonadas pela sensação de liberdade,
dispostas a viver esse estilo de vida
na estrada, aventureiro.

A fronteira da Guatemala com Belize, no entanto, foi só perrengue. Emitiram uma taxa de vinte dólares que não tinha como ser paga lá, pois teria que ser em espécie e não havia bancos por perto. Encontramos uma mulher que cobrava dez dólares para pagar a taxa. Como recompensa pelo estresse, encontramos um restaurante à beira-mar que tinha uma ducha, e, naquele calor, eu não deixaria a oportunidade passar. Além da ducha, consegui dar uma mergulhada na piscina deles.

Também dei uma volta de barquinho até o rio Dulce, onde foram gravados os episódios do primeiro *Tarzan*, de 1930. Como a fronteira estava fechada quando voltamos, dormimos num hotel ruinzinho, mas com ar-condicionado, onde descansamos depois de um dia incrível, ansiosos para entrar em Belize.

Finalmente, passamos a fronteira. Lembra-se da música da Madonna "La Isla Bonita"? Poderia ser essa, em Belize, na ilha de San Pedro. Eu e Edinho fomos para Caye Caulker, encontramos um hotel decente, o Ramada Casino, e aproveitamos para passar na Harley-Davidson local, indicada pelo Google. Ao chegar, percebemos que não era uma Harley-Davidson original, mas uma oficina normal chamada Harley, e que, ainda por cima, estava fechada.

Belize me ofereceu uma experiência relaxante e revigorante em praias de areia bem clarinha, mar verdinho, palmeiras e aquela sensação de férias, de privilégio por poder estar em meio a uma natureza tão cristalina, tão pura.

Pegamos um barco para fazer três paradas de snorkel e vimos uma variedade fantástica de peixes, corais, arraias... O mar parecia uma piscina. Belize foi inesquecível! Eu nunca tinha mergulhado com tubarões e tinha uns cinquenta onde eu estava. Cheguei a tocar no rabo de um deles. As águas verdes, areias claras, o céu limpo e o visual paradisíaco do lugar permitiram, além de uma experiência magnífica e relaxante, um dos voos mais bonitos do Mosquitão.

Quando estamos numa praia dessas, existe um mix de sensações. Sua existência fica mais aguçada, assim como o respeito pela natureza e a gratidão por estar lá, em meio à exuberância do lugar. Todas as vezes em que me lembro de Belize, vem um sorriso ao meu rosto.

Às seis horas da manhã do dia seguinte, saímos de Belize para o México. O curioso daquela fronteira é que motociclistas pagam quatrocentos dólares para atravessar, que recebem de volta quando retornam, como um incentivo para você sair e levar a moto.

Era um dia bem quente e ensolarado, chegando a 40 ºC. Como a estrada estava chata e nossa sede de aventura era insaciável, eu e Edinho desviamos do caminho para pilotar pela orla Sabancuy, que ofereceu uma rota bem mais bonita, mas acabou nos atrasando muito. Ainda por cima, é uma rota salpicada de pedágios e, como não tínhamos dinheiro mexicano, precisamos encontrar alguém para trocar nossos dólares. Chegamos a um hotel só depois de quase dezenove horas de estrada.

No México, nossa previsão era pilotar por quase dez horas para chegar a San Miguel de Allende. Pegamos um sol de rachar, o que é muito desgastante, quando se pilota por tanto tempo. Por sorte, a temperatura caiu quando chegamos à serra, e aquele trecho não teve nada de empolgante, apenas muito trânsito e mais de vinte pedágios — que engoliram todo o nosso dinheiro. Mas San Miguel de Allende nos agraciou com uma igreja interessante, que lembrava o castelo da Disney, e pudemos fazer uma boa caminhada noturna pela cidade.

Aquele trecho me trouxe uma felicidade e um arrependimento. Por um lado, consegui conhecer uma das cidades mais bonitas de se visitar; um lugar cheio de ruazinhas e becos, com boa gastronomia e atmosfera acolhedora. San Miguel de Allende é, além de charmosa, um lugar de muitas atrações culturais, com catedrais, templos, mirantes, mercadinhos... não dá vontade de sair de lá. Se pudesse, teria caminhado por aquelas ruas por dias e dias.

Por outro lado, não pudemos explorar o México como queríamos, um pecado que corrigi na volta do Alasca e rendeu vídeos emocionantes para o canal.

No dia seguinte, voltamos à paróquia de San Miguel para vê-la melhor e captar boas imagens com o drone. Visitamos a Harley--Davidson de San Pedro, descobrindo que os preços no México eram mais baratos do que nos EUA, e aproveitei para mandar "minha negona" para uma revisão na oficina.

Não pude deixar de notar que, quanto mais próximo dos Estados Unidos, melhores as condições das cidades mexicanas.

Estávamos chegando ao final do segundo trecho da nossa expedição, com a sensação de ter conhecido mais um continente inteiro numa moto.

A América Central é muito menosprezada.

A mídia alimenta nossos medos em relação ao desconhecido. Quantas vezes não me desestimularam a conhecer aquele lindo continente?

Sim, são países pobres e simples, com fronteiras difíceis, mas ultrapassáveis. Se você se preparar direito e vencer o medo, conhecerá alguns dos lugares mais bonitos do mundo. As recompensas valem o risco. Nunca vou me esquecer do Panamá, da Costa Rica, de Belize, do México, de Honduras, da Guatemala, de El Salvador... A natureza desses lugares é riquíssima, o povo é alegre, e alguns pontos turísticos realmente tiraram meu fôlego. O que teria sido da minha expedição sem conhecer essas joias? Não deixe o medo irracional fazer escolhas por você.

Indo embora, bateu aquela nostalgia; mas as saudades da família aliviavam o fato de que eu teria que voltar para casa antes de encarar o último trecho, na América do Norte. Mais um verso do Elvis que tocava na estrada, da música "Always on my Mind":

"Talvez eu não tenha te tratado tão bem quanto deveria; talvez eu não tenha te amado com a frequência que deveria... mas você está sempre na minha mente."

E minha família estava sempre na minha mente. Deixando a moto na revisão, voltei para eles, no Rio de Janeiro.

Leia o QR code para assistir ao episódio "Volta ao mundo de moto - Enguiçado no dilúvio" no Youtube

A IDEIA QUE MUDOU TUDO

Quando me casei com a Patrícia, trabalhava numa empresa de engenharia, que começou a passar por alguns problemas. Lá, eu não tinha o reconhecimento que queria e estava procurando outros empregos, o que me levou ao *Jornal do Brasil*, que era o maior jornal do Rio de Janeiro.

O trabalho com comunicação deu muito certo para mim. Combinou com minha personalidade e, depois de um tempinho, fui parar numa das maiores agências de relações públicas do país. Como sempre, minha obsessão em ser melhor e dar tudo de mim ajudou a me destacar nesse ambiente.

Só que eu tive uma treta forte com o dono da empresa. Não raro, eu era um empreendedor sem dinheiro; ou seja, um dia, acordei e entendi que estava empreendendo dentro da empresa para a qual trabalhava.

Dentro da agência, enxergava problemas com os produtos tecnológicos cujas soluções poderíamos vender para os clientes. Foi o que fiz: inventei dois ou três produtos. Eu era bom nisso, porque, além de ter o olhar aguçado para enxergar oportunidades, era criativo e trabalhava pra caramba para fazer a coisa dar certo.

Naquela empresa, havia umas reuniões semanais chatíssimas que, ainda por cima, aconteciam às oito horas da manhã. Imagina: a empresa toda dentro de uma sala apertada, todo mundo de pé, falando do que tinha feito naquela semana; um tempo nada produtivo. Na semana específica da treta, porém, eu tinha feito muita coisa e estava orgulhoso das minhas conquistas, pronto para apresentá-las para a agência. Só que quem, geralmente, conduzia as reuniões estava viajando e foi substituído pelo dono, um cara problemático que não ouvia ninguém, muito menos os funcionários.

Quando chegou minha vez de falar, pensei: "vou arrebentar agora, vou arregaçar". Eu tinha criado um produto inovador e sem gerar nenhum custo para a empresa. Fiz tudo por conta própria. Já tinha até conseguido os dois primeiros clientes. O que esses clientes pagavam era suficiente para bancar os custos do meu salário e do de mais um colega. E o produto tinha um potencial incrível. Então estava confiante de que iria "abafar" na reunião. Mas o dono era muito ciumento e achava que tudo de bom na empresa tinha que ser ideia dele. Comecei a apresentar o produto, os primeiros resultados, e aí ele me interrompeu com um tom bem folgado, falando assim:

— Ôoo, menino, mas quantos clientes tem isso?

Caramba, eu já fiquei irritado. "Menino é a p...!", mas respirei fundo e respondi. Vamos chamá-lo de Zequinha.

— Zequinha, já vendi para dois clientes!

Aí ele me interrompeu de novo e disse:

— Se fosse bom, esse produto já tinha um monte de cliente!

Ao que respondi:

— Zequinha, já vendemos dois e estamos a caminho de vender bem mais, entendeu? Não é assim que funciona?

Ele é o tipo do cara que não pode ser contrariado, tipo garoto mimado. Todos os funcionários sabiam disso e ficavam quietos, por medo. Afinal, ele era o chefe. Mas naquele dia eu não estava a fim de baixar a cabeça e segui contra-argumentando; até a hora em que ele deu um chilique.

Ele bateu na mesa e falou:

— Menino, você cala a boca!

Nessa, quando ele me mandou calar a boca, eu já estava fodido de raiva e dei aquela alimentada no lobo mau. Literalmente, como um bicho, engatinhei pela mesa de reuniões para chegar até ele e quebrá-lo na porrada. Era um cara bem baixinho e se borrou todo. Aí foi aquela loucura, de todo mundo pulando em cima de mim para me segurar.

Fui demitido, é claro.

> Lembra a parada de o negócio nunca ser bom ou ruim? Acontece que ser demitido foi bom demais para mim.

Veja só, o sócio do Zequinha — vamos chamá-lo de Márcio — era um cara um pouco mais equilibrado e estava de férias naquele momento. Ele sabia que eu ia fazer falta na empresa, que me mandar embora tinha sido uma cagada, e, ao ver que eu já estava empreendendo por conta própria, conseguiu convencer o Zequinha a me contratar de novo.

Eu cobrei o dobro do que cobrava antes, e ele teve que engolir, porque essa coisa de ser extraordinário funciona. Eles sabiam que não encontrariam outro cara como eu.

Pouco tempo depois, tive a outra ideia, a da Comunique-se.

Havia um cliente dessa agência que eu sabia que ia gostar e tinha grana para investir na nova empresa; então, marquei uma reunião e apresentei o plano de negócio da Comunique-se. O cara topou colocar 5 milhões de reais na minha ideia. O ano era 2001, ou seja, era um bocado de grana.

O mais curioso? Depois de eu ter quase pulado em cima dele, o Zequinha, assim como o Márcio, viraram sócios dessa minha nova empresa; levaram fé e, agora, tinham o endosso do fundo do cliente.

Embora fosse respeitado, porém, eu não era rico. Esse novo empreendimento era a minha oportunidade de materializar o "extra" de extraordinário.

BREAKING BAD

Eu estava em um avião, a caminho do México, para retomar minha viagem. Pensava no segundo trecho percorrido, a América Central, com sentimentos conflitantes.

Havíamos saído da América do Sul, uma viagem de belas paisagens e desafios naturais, em que não passamos por nenhum grande problema; mas, quando chegamos ao Panamá, a experiência mudou um pouco. Você sai da Cidade do Panamá, um lugar que parece Miami, e cai na estrada, onde começa o choque de realidade. E é assim o tempo todo na América Central: uma mistura de lugares exuberantes e alegres, como a Costa Rica, e lugares como Honduras, Guatemala e Nicarágua, em que as fronteiras são extenuantes e a corrupção se exibe em toda parte. Você se dá conta de estar num país tão cansado, desgastado mental e emocionalmente, que não consegue nem curtir direito o lugar.

Um dos pontos mais altos do trecho foi Belize. Na volta do Alasca, passaríamos pelo México, conhecendo as cidades históricas no meio do nada, e teríamos experiências realmente incríveis, que melhoraram ainda mais minha impressão da América Central; mas, naquele momento, prestes a dar início ao terceiro trecho, eu ainda tinha a sensação de que a América do Sul havia sido uma viagem mais interessante.

Pisando em solo mexicano, reencontrei, emocionado, minha moto na Harley-Davidson local e segui rumo à fronteira, para entrar nos EUA. Sob um sol feroz e uma temperatura de 41 ºC, segui a estrada bem deserta para onde o Google tinha me mandado, com uma sensação estranha: onde estavam as pessoas?

Quanto mais eu pilotava, mais eu me lembrava dos cenários áridos e hostis de séries como *Breaking Bad*. Deserto, solidão e aquela vibe de que qualquer coisa poderia acontecer ali, sem testemunhas. Só que eu estava achando o máximo! São raras as chances de estar completamente sozinho numa estrada.

O Google dizia que, em breve, eu chegaria a Nova Laredo. Ao longe, vi uma cancela sem ninguém. Reduzi a velocidade, passei por ela e voltei a acelerar. Logo mais, apareceu outra cancela, desta vez fechada. Parei a moto e fui abordado por um guarda, perguntando o que eu estava fazendo ali. Calmo, expliquei que estava indo a Nova Laredo, para entrar nos EUA.

O cara virou para mim e disse:

— ¡Estos son los Estados Unidos!

"Como assim?" Eu já estava nos EUA!

Ao usar o Maps para me orientar, ele me mandou para uma quebrada superperigosa, playground dos narcotraficantes, que nem o pessoal do México frequentava, por ser um lugar perigoso demais; só que, apesar de perigoso, era muito bonito.

Ou seja... dei uma puta sorte de não ter me encrencado.

O cara que me abordou, embora mexicano, era funcionário da fronteira americana, e, mais tarde, chegou outro. Estavam superdesconfiados, pois, afinal, ninguém ia àquela fronteira, cujo nome é "Falcon". Os dois mexicanos acabaram chamando o chefe deles, este, sim, um americano bonachão.

Contei minha história, e ele ficou maravilhado! Expliquei que queria chegar a tempo para a comemoração do 115º aniversário da Harley, em Milwaukee. Ele ficou muito orgulhoso e acabou facilitando tudo, concedendo logo seis meses de permanência para mim. Nem deu entrada na moto!

Precisei pilotar por um trecho em solo americano, sair, voltando ao lado mexicano, para entrar de novo e conseguir os carimbos de que precisava para fazer tudo certinho, dentro da lei; isso tudo num calor desgraçado, quase passando mal de tão quente. Apesar disso, entrar nos EUA foi tranquilo. Filmando essa aventura para o canal, falei: "Estava tão ansioso para entrar nos EUA que acabei entrando duas vezes".

Chegando ao Texas, fiquei até emocionado. Já tinha andado de moto nos Estados Unidos antes, mas com motos alugadas. Não esperava que a sensação de estar na minha própria moto, pilotando, desde o Rio de Janeiro até lá, fosse ser tão diferente, tão emocionante. Passeando à noite, vi uma partida de futebol americano e parei para assistir, embora nunca tenha entendido bem as regras do jogo. Foi legal demais entrar nos Estados Unidos e logo assistir a uma "pelada" americana: a pequena escola americana, com os moleques em uma partida de futebol americano bem "raiz".

O calor me fez parar antes da hora, e cheguei a um hotel no meio do nada, para dormir. Começava o trecho final da Expedição Américas.

Leia o QR code para assistir ao episódio "Volta ao mundo de moto - Cheguei nos EUA" no Youtube

BÚFALO

PARTE 3

If you know your history   "Se você conhecesse
Then you would know   sua história
where you coming from   Então saberia de onde vem
Then you wouldn't   E não precisaria me perguntar
have to ask me   Quem eu penso que sou
Who the heck do I think I am   Sou só um Soldado Búfalo
I'm just a Buffalo Soldier   No coração da América"
In the heart of America

"Buffalo Soldier" (Bob Marley & The Wailers)

A música do Bob Marley fala de escravidão. Do outro lado da escravidão — de qualquer tipo —, há a liberdade. Consigo pensar em poucas estradas que melhor simbolizam a liberdade do que a Rota 66, o sonho de qualquer motociclista.

Eu já tinha rodado toda a América do Sul e a América Central; estava finalmente em solo norte-americano e, em breve, faria a Rota 66, mas, antes disso, tinha alguns sonhos para realizar: conhecer Graceland, a casa do Elvis, meu grande ídolo, e participar da festa de comemoração de 115 anos da Harley-Davidson, onde a história da moto começou.

Esse foi um trecho diferente da viagem, porque a Patrícia participou. Com a doce amada na garupa, a viagem, por um lado, ficou mais cara e menos *Easy Rider*; por outro, consegui conhecer, com minha parceira de vida, alguns dos lugares mais loucos e icônicos dos Estados Unidos, compartilhando com ela experiências únicas e memoráveis.

Amanheci em San Antonio, no Texas, onde, logo ao sair do quarto de hotel, encontrei pegadinhas de algum animal na minha moto, grandes demais para pertencerem a um gato ou pássaro, o que me deixou intrigado. Por coincidência, o hotel que escolhi ficava bem na frente da Harley-Davidson local, um lugar gigante, onde fui muito bem recebido. Visitei o Citywalk e, depois, o Alamo, lugar importantíssimo para a cultura norte-americana, frequentemente citado em filmes e séries.

O Alamo chama a atenção de gerações de americanos por ser uma batalha em que todo mundo morreu. O Texas era uma província do México, bem rebelde. Os americanos que estavam lá, na época, eram considerados invasores ou, na melhor das hipóteses, cidadãos ocupando território mexicano, que deviam impostos e lealdade ao México.

Quando o exército mexicano marchou para o Alamo, disposto a retomar seu território, em 1836, havia menos de duzentos americanos lá, um exército de civis disposto a defender o forte. Todos morreram. Essa batalha inspirou mais americanos a lutarem e, numa nova batalha, derrotaram o exército mexicano, terminando a revolução. É uma história que os americanos amam, embora não tenha sido o único acontecimento importante ocorrido no Alamo, e eles exploram bastante esse evento em filmes (como *O Álamo*, com John Wayne), músicas e brinquedos.

Em San Antonio, fui ao aeroporto buscar a Patrícia e, com ela na garupa, seguimos estrada, parando num hotel para dormir, onde comemos um waffle no formato do estado do Texas — o tipo de coisa que o americano adora. No dia seguinte, visitamos a área de pântano, para ver se encontrávamos alguns jacarés, e, embora nenhum tenha aparecido, o passeio valeu pelo voo de drone.

Chegamos à Luisiana e já fomos almoçar num restaurante mexicano. Espero ter conseguido mostrar, no canal, o quanto a cultura do Texas ainda carrega uma forte influência mexicana, principalmente na culinária, que eles chamam de Tex-Mex.

Um aspecto maneiro das estradas nos EUA é que é permitido andar bem rápido, cobrindo uma boa quilometragem em pouco tempo. Foi assim, correndo, que chegamos ao Bourbon Street Hotel, em New Orleans, ou Nova Orleans. Essa é outra cidade única, incomparável, que valeu muito a pena ter visitado.

Nova Orleans, no estado da Luisiana, foi fundada por exploradores franceses, mas também há influências hispânicas e afro-americanas bem fortes. É famosa pela vida noturna agitada, o jazz e o blues, o vodu e até vampiros, considerando que a autora Anne Rice escreveu seus romances góticos, entre eles o famoso *Entrevista com o Vampiro*, ambientados na cidade. É lá que acontece, também, o carnaval americano, o Mardi Gras.

Andando pela cidade, é um bar atrás do outro, com muita gente bebendo a qualquer hora do dia; muitos artistas de rua e música ao vivo. Depois de passear bastante por lá, seguimos viagem, passando por uma cidade chamada Grenada, que nos proporcionou uma parada deliciosa num lago bem bonito e deserto, onde, apesar de ter visto uma cobra, tivemos coragem para dar um mergulho.

Mais refrescados, retomamos a viagem, partindo para realizar outro sonho: visitar Graceland.

GRACELAND, NOSTALGIA E A FESTA DA HARLEY-DAVIDSON

Antes de chegar a Graceland, tive um aperitivo da nostalgia que estava prestes a me assolar. Visitando o Memphis Rock n'Soul Museum, conseguimos ver aparelhos antigos de rádio e jukeboxes, roupas originais do Elvis, assim como guitarras e as letras originais de "Heartbreak Hotel". Além do rei, o museu também exibia artigos como o terno do Jerry Lee Lewis, roupas do Johnny Cash e até o órgão usado para compor "Suspicious Minds".

Cheguei ao lar do Elvis em um dia ensolarado. O lugar é enorme, praticamente um complexo. Os americanos fizeram ali o que fazem de melhor, transformando a casa em um centro de visitação com várias etapas, organizado e conservado. O passeio começa com o pré-show, onde assistimos a um filme sobre a história do Elvis Presley, antes de, finalmente, entrarmos na casa, impecavelmente preservada, como ele a deixou.

Lá dentro, visitamos as salas temáticas, como o *jungle room* — cômodo decorado para lembrar uma selva —, vimos as roupas icônicas que ele usou em apresentações e até uma sala que exibe todos os prêmios que ganhou, tanto em vida como depois de falecer. São paredes forradas de prêmios, é impressionante mesmo!

Fora da casa, há um museu com os carros do Elvis, preservados, bem cuidados, de vários modelos; assim como uma piscina e uma fonte, na área externa. Pudemos entrar no avião dele, o Lisa Marie, batizado com o mesmo nome da filha — que faleceu no mesmo ano em que escrevi este livro, 2023, aos 54 anos. É possível passear dentro do avião, que até uma sala de reuniões tem.

A sensação de sair de Graceland é desconfortável. Não sou um cara de ter muitos ídolos, mas sempre admirei o Elvis. Sou fã, mesmo. Entrar na mansão dele, passear pela cozinha e por lugares tão íntimos deixa você mais próximo da humanidade dele, para além do mito. Ver sua lápide me deixou com uma sensação de privilégio por estar lá, claro, mas também tristeza, por saber que um homem tão talentoso morreu tão cedo.

Nossa próxima parada foi em outra cidade icônica para a música, em especial o country: Nashville, no Tennessee. Foi lá que visitamos a Lost River Cave, que acreditam ter sido o esconderijo do fora da lei Jesse James, depois de fazer um grande roubo. Dentro da caverna, a temperatura cai naturalmente, contribuindo para a sensação de estarmos num lugar peculiar, diferente.

Quando minha Pantera Negra chegou a Milwaukee, tive a sensação de estar completando um ciclo; um ciclo longo, que não começou quando saí de moto do Rio de Janeiro ou atravessei a fronteira dos EUA. O ciclo começou quando subi naquela moto, minha primeira, aos quinze anos. Lá estava eu, então, no berço da Harley-Davidson e de um verdadeiro estilo de vida, com minha doce amada na garupa.

Era inacreditável. Vinte e um mil quilômetros rodados àquela altura, mais de quarenta dias na estrada, depois de pilotar por mais de cem cidades, em catorze países.

A festa da Harley-Davidson é a Disney do motociclista. Ela acontece há mais de quarenta anos, levando hordas de entusiastas até Milwaukee para uma comemoração que dura dias. Consegui registrar, para o canal, o momento em que chegamos à sede, ladeados por dois mares de motos; e foi lá que reencontrei o Edinho.

A festa acontece num espaço a céu aberto, como uma feira, mesmo, com barraquinhas vendendo peças, artigos de couro, aparelhos de som para a moto e todo tipo de parafernália. O rock n'roll come solto, como combustível para os visitantes, que vêm não apenas dos Estados Unidos, mas do mundo todo. À noite, fomos a um verdadeiro show de rock no espaço da Harley-Davidson.

Essa comemoração se espalha por toda a cidade, com diversos eventos, nos quais encontrei muitos brasileiros. Não tardou para descobrir que, das milhares de motos ali, era a minha que tinha vindo de mais longe e, quando as pessoas descobriam isso, eu e minha moto ganhávamos uma atenção inesperada, mas bem--vinda. De repente, queriam conversar comigo, saber mais sobre a experiência, tirar fotos. Essa surpresa que expressavam confirmou o que eu já sabia, mas temia estar exagerando um pouco: realmente, a Expedição Américas era um feito notável, raríssimo. Saber que eu estava provando que era possível e, provavelmente, inspirando outros proporcionou-me uma sensação ímpar, muito recompensadora.

No dia seguinte, acinzentado e com um pouco de chuva, o evento ficou bem vazio, pela manhã, e pudemos visitar a sede da Harley-Davidson, conhecer o Lago Michigan e ver uma banda de country raiz, do jeito de que eu gosto.

O ápice deste trecho foi poder participar do desfile de 6.500 motos, carregando bandeiras do mundo todo, celebrando o espírito de liberdade, rebeldia e camaradagem.

Leia o QR code para assistir ao episódio "Volta ao mundo de moto - Entrei na casa do Elvis Presley" no Youtube

A ROTA MAIS LENDÁRIA DE TODAS

Chegou a hora de embarcar na estrada mais famosa do mundo, porque eu não tinha certeza se teria outra chance.

A animação *Carros*, da Pixar, conta, de forma bastante lúdica, a história da Rota 66. Quando as vias interestaduais foram construídas, o trânsito da rodovia foi desviado para essas novas vias, mais rápidas. Por consequência, as cidades que recebiam os viajantes e, por meio deles, conseguiam se manter economicamente acabaram indo à falência.

No entanto, o espírito de liberdade idealizado pelos jovens das décadas de 1950 e 1960, aqueles mesmos que voltavam de guerras e queriam viver viajando em suas Harleys, contribuiu para o resgate do interesse por viagens longas, nas quais se podia parar e conhecer pessoas novas, antes de seguir em frente.

Apesar do desenho que contou a história, a Rota 66 não é a Disney. Quem pensa em glamour está completamente enganado. É um caminho para atravessar um dos maiores países do mundo e conhecer mais sobre sua história. O cenário muda aos poucos, assim como a temperatura e as condições da estrada. Você conhece gente culta e simples e, muitas vezes, chega a esquecer em que século está. Uma máquina do tempo quebrada, uma sensação de nostalgia e solidão, e, no olhar, nos rostos enrugados daqueles que vivem do passado, um questionamento: estamos evoluindo ou apenas nos movimentando para a frente?

A Rota 66 vai de Chicago, na costa Leste, para Los Angeles, na costa Oeste. Como eu e o Edinho, depois da festa das Harleys em Milwaukee, tínhamos deixado nossas motos no galpão em Chicago, nossa primeira missão era resgatá-las, depois de seis longos meses no Brasil, esperando o inverno e o frio americano passassem, enquanto trabalhávamos e vivemos nossas vidas "normais".

Eu ansiava por pegar a estrada de novo e, apesar da viagem cansativa, estava num bom humor inabalável, embora uma dúvida me rondasse: "depois de tanto tempo, será que minha moto ligaria?".

Faríamos a Rota 66 com dois amigos motociclistas: Edmundo e Márcio. Nós nos encontramos no aeroporto, já sentindo que a temperatura seria um dos obstáculos — fazia 6 ºC quando pousamos, com sensação térmica de 1 ºC! Pegamos um táxi no aeroporto para chegar ao *storage*.

Caminhando por um labirinto de metal, abrimos nosso pequeno depósito. Rever as motos foi uma grande emoção. A sensação era a de que elas estavam em criogenia nos aguardando — estavam geladas! Afinal, as motos enfrentaram, durante o inverno, frios de até -20 ºC!

Reconectamos os cabos das baterias. A Harley do Edinho acendeu e ligou na hora. Gritamos que nem doidos — coitada da tia do *storage*! Então era a minha vez. A minha seria mais complicada, pois tem muito mais eletrônica. Virei a chave incrédulo, mas ela ligou de primeira. Não deu para evitar mais gritaria; tudo registrado pela câmera, para o canal.

O dia estava muito nublado e gélido em Chicago, e fomos direto para a Harley-Davidson local, para que o Márcio e o Edmundo alugassem as motos deles. Isso acabou demorando demais e, à medida que a noite se aproximava, ficava cada vez mais distante a intenção de começar a rota naquele mesmo dia. Assim, dormimos em um hotel, para começar a aventura no dia seguinte.

No mesmo clima hiperfrio, cinza, nublado (um pouco hostil, eu diria), começamos a viagem, tendo sido nossa primeira parada o Del Rhea Chicken Basket, em Willowbrook, Illinois, um famoso restaurante da Rota, sobrevivente.

Passamos por um posto de gasolina histórico, que só abriria para visitação em maio, mas, quando o funcionário viu que vínhamos de longe, abriu para a gente. Lá, eles expõem relíquias daquela época, além de venderem artigos superantigos e outras lembranças da época em que o posto funcionava, nos anos 1930, 40, 50, 60... O posto acabou virando uma espécie de museu pequeno, cujo funcionário, na verdade, é um voluntário que nos atendeu e explicou tudo, extremamente solícito.

Descobrimos que o posto funcionou por 66 anos na Rota 66. Ainda não sabíamos, mas estávamos nos preparando para a essência da Rota, ela é inteira desse jeito: um colar em que cada pérola é um posto de gasolina ou restaurante que virou um pequeno museu de bugigangas antigas, carros enferrujados, colecionáveis, itens da Coca-Cola e de Elvis Presley.

Uma das melhores partes é vivenciar as coisas mais perigosas, como andar por uma estrada toda rachada, que não sofre intervenções desde a Época de Ouro da Rota 66, que realmente não está em condições seguras, mas à qual não consegui resistir.

Chegamos a Atlanta, na Georgia, onde encontramos outro museu pequeno, com pôsteres antigos e suvenires da Rota; mais um posto original da estrada. O comércio naquelas pequenas cidades eram postos de gasolina, restaurantes e oficinas; então, esses locais, que continuam de pé, acabam virando *points* turísticos. O mais curioso é que cada um deles passa aquela sensação de exclusividade e autenticidade, sendo que são todos muito parecidos.

Outra parada foi o Big Chief Restaurant, inaugurado em 1929, que costumava ser um hotel e manteve suas características, tornando-se um restaurante turístico.

Pegamos uma estrada com árvores bem retorcidas em ambos os lados e muita neblina a caminho das Meramec Caverns, outra caverna onde Jesse James se escondia com seu bando. Esse é um dos pontos em que você vê mais organização, mais dinheiro injetado, mais a cara dos Estados Unidos. Apesar de ser realmente uma caverna, é tudo bem organizado, com bastante iluminação. É basicamente um museu, mas um passeio que vale a pena.

Em Missouri, fomos saudados por um dia mais aberto e ensolarado, com estradas boas, e passamos por dentro das cidades pequenas, com fazendas e mais verde. Um desses municípios foi Pulaski, fundado em 1808; um lugar pequeno, com visão das montanhas, lembrando muito uma cidade de faroeste, embora ligeiramente mais moderna. Foi lá que paramos para almoçar num barzinho estilo cowboy, um pub, com tudo de madeira.

Para qualquer direção que você olhe, tem uma plaquinha "Route 66". Outro tema recorrente é a própria referência ao filme *Carros*, de forma que, em vários dos museus e restaurantes, encontramos imagens de personagens como o Relâmpago McQueen e o Mate, incluindo alguns carros de verdade, estilizados como esses personagens. Não é incomum ver adesivos de olhinhos colados aos para-brisas, transformando qualquer carcaça de carro num "carrinho" para atrair crianças, fotos ou só dar um ar mais amigável aos estabelecimentos.

No Pulaski Museum, conheci uma salinha de aula antiga, mostrando como as crianças da época estudavam, assim como um *courtroom* — tribunal — antigo. Foi como estar dentro de um filme de faroeste, onde os foras da lei eram levados a julgamento e aqueles cidadãos severos e tementes a Deus decidiam se eles deveriam ser enforcados. Achei a área que falava sobre os nativos americanos meio murcha e decidi que queria saber mais sobre eles.

Pegamos um trecho original da Rota, com um pouco mais de terra, bem rachado, que levava até Arcadia Farm, umas casinhas de madeira com muitos objetos do Velho Oeste, incluindo um cofre enferrujado enorme, daqueles de chão. O lugar mostra, basicamente, uma fazenda da época, com artigos comuns e um espaço para shows, com uma cúpula acústica.

Num trecho do Kansas, descobri que o uso do capacete não era obrigatório, e poder pilotar com o vento no rosto e nos cabelos foi uma sensação inigualável de liberdade, que me lembrou os anos 1980, em que o uso de capacetes era mais raro.

Na estrada, encontramos um emblema enorme da Rota 66 pintado no asfalto e conseguimos, os quatro, deitar em cima dele, capturando o momento para o canal *Eu e Minha Moto*. Tivemos mais doses de carros antigos e relíquias, como geladeira antiga, panelas, garrafas, bules, brinquedos, tudo original das primeiras décadas do século XX. Em tudo o que era lugar, tinha a bandeira americana.

Conversei com alguns locais, e um deles, o George, era um cara supermaneiro, simpático, usando uma camiseta da Route 66, que indicou os melhores lugares para pararmos. Dava para ver a empolgação eterna dele com o lugar onde estava e sua história.

Curiosamente, ele tinha uns patos que me atacaram para protegê-lo, bicando meu dedo, minha calça e até meu celular.

Com o dia um pouco mais acinzentado, pilotamos por algumas pontes velhas e estradas rachadas até uma cidade-fantasma. Passamos por uma reserva indígena e outros lugares bem rurais, parando, finalmente, em um hotel de quinze dólares — um lugar zoado, com cadeiras manchadas de algum resquício de sacanagem, só para o Edinho economizar uns trocados. Isso poderia ter me deixado puto, mas o lema já é uma tatuagem no meu coração: "se eu não me fodo, não me divirto".

Ainda no Kansas, vi um Mate — personagem icônico de *Carros* — em tamanho real, no West Wind Hotel, e, depois, a cidade de Shamrock, onde conhecemos outro posto de gasolina com as bombas antigas e outro museu, e onde encontrei uma mesinha de canto perto das janelas que exibia uma foto do Elvis e indicava que o rei havia se sentado ali!

Como bom fã, eu me sentei onde, em teoria, meu ídolo teria comido algum hambúrguer, mas não senti nada de diferente. Foi naquele lugar que conheci uma senhora, a Hazel, que só pode ter inspirado a personagem Lizzy, do desenho *Carros*. Superfigura! Usava um colete cheio de broches presenteados por pessoas de diversos lugares dos EUA e do mundo. Saí de Shamrock feliz por ter conhecido uma cidade simpática e bem típica.

Em poucos dias, a paisagem e o clima haviam mudado consideravelmente. Estava um pouco mais quente e bem ensolarado, sem nuvens. Eu mal acreditava que tinha acabado de sair daquele frio em Chicago.

O Chelsea Motel (ou o que sobrou dele) é um hotel da época da fundação da Rota 66. O que já foi um ponto para viajantes agora é um lugar todo destruído, de madeira branca lascada, em ruínas mesmo. Olhando pelas janelas empoeiradas, era possível ver tudo quebrado e revirado lá dentro; uma vibe até assombrada; a carcaça de um lugar que, em seu auge, abrigou muita gente.

Chegamos ao ensolarado Texas, conhecendo pessoas mais simpáticas e sendo cercados por paisagens mais verdes. Em Arkansas, vimos o maior totem indígena do mundo, de 1948, no qual era possível entrar. Era como uma torre bem alta, toda pintada, bem colorida. A viagem estava me mostrando um passado que sempre tinha me atraído, sempre me deixara curioso.

Outro lugar que fisgou minha atenção foi o Devil's Rope Museum, um museu gratuito com muitas cruzes e um pouco mais dark. Era um tipo de museu mais simples, mas com bastante informação, como fotos de uma tempestade que assolou o lugar.

Como não podia deixar de ser, nos Estados Unidos, chegando ao final do passeio, há uma lojinha. Lá, uma pequena exibição chamou minha atenção: dezenas de violinos de madeira, pendurados em fileiras. Tratava-se de uma coleção de violinos, talhados, cada um, com a madeira de um país diferente. Pensar que um cara, por pura paixão, havia corrido atrás das madeiras e se dedicado a fazer aquele trabalho foi inspirador.

Chegamos a Amarillo e conhecemos a rua histórica, 6th Street, com muitas lojas e suvenires, um lugarzinho simpático. Caminhando por lá, percebi que já havíamos rodado 30 mil quilômetros. Que loucura! Foi sorrindo que entrei no Handle Bar and Grill, um autêntico bar para motociclistas, com um mapa-múndi na parede, onde você pode espetar um alfinete no seu lugar de origem. Com orgulho, apertei o alfinete no mapa: no Brasil.

Um dos pontos mais empolgantes é a placa na estrada, mostrando que estávamos exatamente no meio da Rota, ou seja: Chicago ficava a uma distância de 1.139 milhas a leste e Los Angeles a 1.139 milhas a oeste.

Esse lugar é chamado de *midpoint*.

Chegamos ao Novo México. Admirando minha moto, a Pantera Negra, na frente do hotel, percebi que estava inteirinha, apesar dos sinais da estrada — para-choque amassado, suja e com o pneu original de fábrica no seu final de vida. Ela tinha aguentado superbem. Fiquei orgulhoso dela, digamos, por ter me levado até lá. Não seria a mesma coisa se eu tivesse trocado de moto algumas vezes. A Pantera Negra havia começado aquela aventura comigo no Rio de Janeiro e era nela que eu queria voltar, do Alasca, para casa.

Uma das pessoas que conhecemos na viagem foi o Lee, um asiático que não falava inglês e, de manhã, fazia ovos no hotelzinho. Estava lá há apenas seis meses, sem falar o idioma, ralando pra caramba, e disse que sua filha era a dona do hotel. A gente para pra pensar nas vidas dessas pessoas e ficam muitos questionamentos. "Que tipo de vida aquele senhor tinha, em seu país de origem, que forçou sua filha a viajar até lá, para aquele lugar meio desértico? Como ela conseguiu construir um hotel na Rota 66? Como havia sido o processo de resgatar o pai e levá-lo para os EUA, para trabalhar fazendo aquele café da manhã?"

Pensando nisso, saí do restaurante e fiquei do lado de fora, no vento gelado, sentindo que as lembranças do passado queriam, mais uma vez, desabar sobre mim.

Porra, eu estava curtindo cada segundo daquela viagem, mas a estrada da Rota 66 é um lugar nostálgico. Ela vive disso. Convida o passado, carrega não só o espírito de desbravar lugares selvagens, mas também de avaliar sua vida. Há certa tristeza, também.

Eu deixei algumas das lembranças me socarem e chutarem: meu irmão berrando de medo, enquanto minha mãe enlouquecia, partindo para cima das mulheres que meu pai e meu tio haviam levado para a fazenda da família; meu primo elogiando a mansão que meu pai tinha construído, enquanto minha mãe dava, para mim e meus irmãos, pão velho e mate, porque era tudo o que ela conseguia comprar.

Eu ainda tinha muito ressentimento, mas estava na hora de sorrir para a câmera.

Leia o QR code para assistir ao episódio "Rota 66 de Moto - Episódio 2" no Youtube

O "EXTRA" EM EXTRAORDINÁRIO

Enquanto eu trabalhava como um alucinado, a Patrícia, que queria muito ter filhos, engravidou e nos deu a Giulia de presente. Minha ideia da paternidade não era das boas, e meu foco total no trabalho me fez vivenciá-la de um jeito que misturava momentos de paixão pela cria, mais a vontade de fazer minha vida dar certo (para garantir o futuro da minha filha) e um ocasional distanciamento emocional, que o déficit de atenção me impunha.

Filho não é fácil, não é para qualquer um. A Patrícia, sendo pediatra, tinha, ao mesmo tempo, o embasamento científico para lidar com o bebê e o peso de ser uma mãe que trabalhava e estava sempre cansada.

Eu fiquei um pouco sem chão quando vi a Giulia. Como eu pagaria as contas? Teria que ser mais responsável, menos porra-louca, menos camicase. Tinha tido um pai que não foi pai — e não seria igual a ele.

> A pressão para fazer as coisas darem certo aumentou.

Na época, eu só tinha pouco mais de 0,5% da Comunique-se, a empresa que inventei. A ideia era minha, mas eu não tinha dinheiro. Tinha que transformar aquilo em 100%. Como faria isso, sem um tostão?

Só que eu sempre fui otimista. Não esquecia meu passado, não fingia ser uma pessoa diferente daquele moleque que tinha catado merda lá atrás. Eu pensava: "tenho parte de uma empresa, e ela vai dar muito dinheiro um dia". Eu sabia que ela daria dinheiro.

Não passaram seis meses para acontecer outra treta envolvendo o Zequinha — lembra aquele do chilique na sala de reuniões? Ele brigou com o fundo, justamente porque achava que era mais importante do que o fundo. Foi aí que a Comunique-se quase acabou e colocaram a Justiça no meio, para resolver essas brigas.

A Comunique-se era uma startup que começava a nascer, e uma treta entre os sócios era tudo do que não precisávamos naquele momento; e eu, com 0,65%, sem ter como fazer algo a respeito.

O fundo precisava fazer o aporte mensal, e a agência não queria que fizesse o aporte, porque ela seria diluída. O Zequinha e a agência eram sócios na Comunique-se, com o fundo. Cada um deveria dar 50%. Se 1 milhão de reais fossem injetados na empresa, isso significava que o Zequinha daria 500 mil e o fundo também daria 500 mil. Se o fundo investisse 1 milhão, estaria pagando a parte da agência; portanto, ela seria diluída.

Só que a agência não queria injetar o dinheiro, alegando que era um sócio diferenciado e que traria clientes para a Comunique-se. Na prática, porém, não estava levando. Nunca tinha levado clientes. Então, o fundo estava lá, querendo fazer o aporte, e a agência sabia que seria diluída e perderia o controle.

Chegou a entrar oficial de justiça no meio de uma reunião de deliberação, para impedir o aporte, e eu lá, no meio daquilo, achando que a empresa ia quebrar — e isso seria a pior coisa que poderia me acontecer. Eu, com filho neném, colocando tudo de mim naquele projeto, um peixinho fodido igual ao Nemo, com a nadadeira zoada, enquanto os tubarões, ricos pra caralho, brigavam e destruíam a empresa.

Eu achava que a Comunique-se mudaria minha vida, que eu seria rico, que tudo daria certo... e aquela merda toda acontecendo, aquela briga societária matando meu sonho.

O fundo já tinha decidido descontinuar a empresa — minha empresa! Para o fundo, essas empresas são só um item no portfólio. Ele simplesmente fecha e foda-se todo mundo que estiver lá.

E eu não sabia o que seria de mim, pois não servia mais para trabalhar para os outros. Tanta ideia boa, tanta noite virada trabalhando (quando meus colegas tinham ido dormir), tanta garra... para terminar assim?

> Bom, se fosse para cair,
> eu cairia atirando.

Consegui convencer os caras do fundo a comprar a parte da agência na empresa. Foi assim que eles tiraram o problemático do Zequinha do negócio e, então, ficamos só eu e o fundo. Eu, com meu 0,65%, e o fundo, com todo o resto. Só que, pelo menos, tínhamos voltado a ter um mínimo de estabilidade emocional, porque, com o Zequinha, não dava para respirar.

Esse fundo de investimentos, porém, tinha um prazo de cinco anos. Era muito pouco tempo. Eu já tinha entrado no terceiro ano, então só tinha mais dois. Não sabia direito como isso funcionava, era novo em tudo aquilo.

Os primeiros seis meses da empresa foram dessa treta entre o fundo e a agência. Em um ano e meio, o fundo teria que se desfazer das empresas e devolver o dinheiro para os cotistas que tinham investido nele. Em outras palavras, o fundo ia acabar, e a gente ainda era deficitário. A empresa dava prejuízo.

O fundo começou a vender todas as empresas e falou que não injetaria mais dinheiro em nada. Por causa disso, fiquei sem salário por alguns meses, passando um puta de um perrengue, de novo. Cara, que coisa horrorosa. Não tem nada pior do que isso: não saber de onde tirar dinheiro. Com filho, é ainda pior.

Foi aí que o moleque da merda, do giz, de vender brinquedo usado teve um clique, um estalo, um momento eureca!

Pensei assim: "quanto vale uma empresa que ninguém quer comprar?". A Comunique-se era uma empresa deficitária, uma "startup.com" de vinte anos atrás. A bolha da internet tinha acabado de estourar. Estava todo mundo com medo de qualquer coisa ".com", então ninguém queria comprar.

Cara, eu fiz uma proposta para o fundo. Falei assim:

— Eu assumo essa naba aí. Vocês não vão ter que mandar ninguém embora, não vão ter que rescindir contrato com cliente.

Só que eu não tinha dinheiro para comprar a empresa deles; então, arrumei dois amigos e vendi, para eles, a ideia de que a gente compraria a empresa muito barato.

Desde que eles aceitassem pagar a minha parte.

Cada um comprou 25%. Os dois, juntos, pagaram os meus 25% e os últimos, para formar 100%, foram comprados por alguns funcionários, que fizeram uma "vaquinha". Na época, o valor total foi R$ 500 mil, dividido por essas pessoas. Eu tinha 0,65%, num dia, e 25%, no outro. Já estava melhorando.

A NOSTALGIA PEDE CARONA

O Blue Hole é um buraco com águas cristalinas no meio de um lugar bem árido. Realmente é interessante, uma água bem clara, azul, num buraco superfundo, onde dá para mergulhar quando está mais quente. Aquela piscina natural, ali, parece totalmente aleatória, com bolinhas vermelhas flutuando na superfície, como se fosse a piscina no quintal de alguém.

Rodamos mais, chegando a Albuquerque, justamente onde filmaram a série *Breaking Bad* — lembra-se daquela minha aventura para ir do México aos EUA? Eu não estava mais em um lugar que *lembrava* aquele; estava lá mesmo.

A paisagem mudou, ficou mais desértica, marcada por ruínas e escombros. A natureza nos castigou um pouco quando pegamos um vendaval, um vento forte mesmo, no final da tarde; e, depois de pilotar naquelas condições, encontramos um hotel para dormir.

No dia seguinte, saímos às 8h47 da manhã, com 9 ºC, com previsão de queda de temperatura ao longo do dia. O curioso é que, no sol forte e na paisagem de deserto, parece ser quente, mas não é. Gradualmente, os cânions começam a aparecer no horizonte. Pegamos algumas estradas de terra e pontes antigas, com vista para os cânions e aquela vegetação verde em tufos.

Percorrendo longos trechos assim, fomos parar na Petrified Forest, ou seja, a Floresta Petrificada, no Arizona, onde começou a nevar. Imagina! Era um deserto, com areia vermelha mesmo, mas nevava! Tivemos, todos, que parar e colocar mais uma camada de roupa, morrendo de frio.

No *visitor center*, havia muitos produtos indígenas, e não pude deixar de pensar que estava em um lugar onde gerações de nativos tinham vivido, deixando apenas os mistérios de sua cultura, a inspiração de suas histórias e alguns dos seus descendentes.

Vimos os postes de telefonia originais da Rota 66, feitos de madeira. Paramos em uma ruína de 1250 a.C., em Puerco Pueblo, e os restos das casas das pessoas que ali viviam, assim como uma praça onde ficavam. Naquele lugar, ventava demais. Imaginei como deveria ter sido, para aqueles povos antigos, sem os recursos que temos hoje. Será que sentiam tanto frio quanto eu, naquele momento, ou haviam se acostumado?

A paisagem árida mudou de tom para uma areia quase branca. O solo era rachado, sedento por água, mesmo. Tudo era bem claro.

Vimos uma árvore fossilizada. Na mesma rota, meu corpo havia sentido calor e frio extremos, minha pele tinha tocado vento, neve e o calor maternal da luz solar; era louco demais. O único sentido que permanecia igual era o paladar, pois a vida na Rota 66 não permite variedade tão grande de comida e estávamos vivendo de lanchonete em lanchonete — parte da experiência, também.

No Wigwam Hotel, os quartos são estilizados como tendas indígenas, as *teepees*.

Admirando de longe a paisagem de carros velhos, enfrentamos mais neve, na estrada, batendo no capacete. Em Flagstaff, pegamos um frio desgraçado.

As próximas cidades nos ofereceram: outro hotel temático de Velho Oeste, um gato gigante lindo, lojinhas de suvenires com nomes como "viciados na Rota 66", uma loja de placas de carro e outras plaquinhas, e artesanato feito com balas de fuzil. Numa lojinha, deixaram que eu pegasse um violão pra tocar. Mostrei um pouco da minha música no canal. Toquei um blues e mandei bem. Tem coisa mais Rota 66 do que isso?

Visitamos o Arizona Territorial Jail, prisão onde muitos foras da lei famosos ficaram presos. Um lugar escuro, bem Velho Oeste mesmo, bem igual àquele jogo *Red Dead Redemption*. Era uma cidade de faroeste completa, até com um banco Wells Fargo, tal como deveria ter sido no final do século XIX. Faltavam quinhentos quilômetros até Los Angeles.

Pegando curvas suaves e deliciosas, com montanhas verdes no pano de fundo, sob um céu ensolarado, contornamos montanhas e nos sentimos abençoados pela vista.

Numa parada despretensiosa, no meio dessas montanhas, descobrimos um cemitério improvisado, entre as pedras, totalmente assustador, com cruzes feitas à mão. Um lugar de filme de terror. Para passear por ele, era preciso descer as rochas devagar e com calma, porque a queda seria fatal.

Era um lugar que parecia saído de um sonho estranho, porque estávamos na pura definição de "meio do nada". Como haviam levado aqueles corpos até lá? Por que enterrar entes queridos, e até pets, num lugar de pura rocha? Cavar deveria ter sido uma tortura. Será que realmente havia pessoas enterradas ali? Tudo indicava que sim.

Algumas rochas tinham sido pintadas e eram bem animadas, coloridas, desenhadas, com palavras escritas, em contraste com as cruzes tortas e improvisadas do cemitério na montanha. Era uma coisa totalmente *Cemitério Maldito;* um lugar triste, abandonado, desolado, curioso e que me deu um friozinho na espinha.

Verbalizei para a câmera o que senti no momento:

— Ainda tenho muito o que andar de moto. Espero que meu dia demore a chegar.

Em Oatman, mais uma cidadezinha minúscula da Rota 66, estávamos de novo no Velho Oeste, com direito a *saloon* e tudo, burrinhos no meio da rua, loja de artigos de couro, museuzinho... Um lugar bem diferente do resto do país, com as montanhas ao fundo.

Foi lá que encontramos um grupo de brasileiros e paramos em — outro — *saloon*, bem estilo faroeste, onde bebemos uma cervejinha. O curioso sobre aquele lugar, uma coisa que eu realmente nunca tinha visto, era que ele era literalmente coberto de notas de um dólar. A tradição, ali, era que os visitantes e clientes escrevessem seus nomes, datas e locais de origem numa nota de um dólar e a colassem na parede.

Fiquei pensando em quanto dinheiro tinha naquele bar, porque todas as paredes eram cobertas de notas; tinha até notas penduradas do teto, não dava para ver nem a cor da tinta da parede. Deixamos uma, também, é claro.

Antes de sair da cidadezinha, vimos uma simulação de típico duelo do velho oeste, no meio da rua, tipo um show para atrair turistas. Foi muito divertido! Em pouco tempo, estávamos de volta à estrada e cruzamos a fronteira entre o Arizona e a Califórnia, onde paramos no Roy's Motel Café.

O motel está desativado, mas pode-se entrar nos quartos, agora vazios, e ver um pouco de onde as pessoas ficavam hospedadas antigamente. Na parte do café, as paredes estavam cobertas de notícias de jornal sobre o lugar. O mais curioso sobre o Roy's é que diversos filmes têm cenas lá, como *A Morte Pede Carona* e *Kalifornia*, assim como vídeos musicais de Queens of the Stone Age, Enrique Iglesias e outros, além de alguns comerciais.

Outro ponto turístico da Rota, relacionado aos filmes, é o Bagdad Café, que foi nossa próxima parada. Curiosamente, o nome do lugar era outro e só depois do filme *Bagdad Café* (que foi gravado lá) é que ele passou a ser chamado assim. O filme recebeu uma indicação ao Oscar pela canção "Calling You" de Jevetta Steele, além de ter sido premiado na França. O Bagdad Café fica em Newberry Springs, na Califórnia.

Saindo de lá, fomos brindados com um fantástico pôr do sol, quase perto das sete da noite, e nos sentimos minúsculos, sob o vasto céu alaranjado que cobria o deserto de Mojave.

Nossas próximas paradas foram a Harley-Davidson local e a orla de Santa Monica até Malibu, onde o tempo estava fechado. O sol deu as caras quando chegamos ao famoso bar de motociclistas, o Neptune's Net, que apareceu no primeiro *Velozes e Furiosos* e estava cheio de bikers. Confesso que a praia de Malibu não me impressionou; mas, pudera, eu sou do Rio de Janeiro.

Chegando a Los Angeles, passeamos pela Calçada da Fama com muita gente, sob um sol forte e muito calor. Visitamos o Dolby Theater, que é o teatro onde ocorrem as cerimônias do Oscar, e passeamos um pouco pela multidão. Los Angeles é aquele caos, principalmente num fim de semana; então, é aquilo: surfar por um mar de pessoas, gente tocando música na rua para ganhar uns trocados, gente fantasiada de personagens famosos para fotos... Vimos até dois caras se atracarem na porrada porque um deles tentou furtar o celular do outro.

Também visitamos o observatório Griffith Observatory, um passeio que valeu a pena, com uma visão emocionante das montanhas lá do alto, de onde é possível ver a placa de Hollywood e um pôr do sol bem bonito. Foi nessas condições que me preparei para me despedir de outro trecho, de outro sonho realizado.

No total, a Rota 66 somou 3.940 quilômetros à minha jornada. Conheci dezesseis cidades em oito dias e saí da experiência com a sensação (mais forte do que nunca) de que tudo acaba.

A Rota é nada mais do que a insistência em um passado romantizado e a relutância em se despedir das coisas: objetos, épocas, pessoas, sonhos... Um aglomerado de pontos em diversas cidades e até culturas, uma vez que passamos por lugares tão diferentes; alguns conservadores, outros liberais, uns quentes, outros frios.

Todas aquelas cidades têm uma coisa em comum: vivem da lenda da Rota 66, eternizada por suas músicas e seus filmes, pela característica tão americana de se apegar a um passado "glorioso". Sou grato pela experiência e, em especial, pelas pessoas com quem conversei e pela sua generosidade de falar, com brilho no olhar, apesar da aridez no rosto, da grande Rota 66.

COMANDANDO MEU FUTURO

Quando eu trabalhava no *Jornal do Brasil*, testemunhei os problemas comuns do jornalismo. Quando fui para a agência, vi os problemas enfrentados por uma assessoria de imprensa e seus clientes.

A ideia da Comunique-se era criar uma plataforma tecnológica para resolver esses perrengues, dos dois lados. Um problema comum que a assessoria tem é conseguir os contatos dos jornalistas dos quais precisa no seu dia a dia. Por exemplo: se você quiser divulgar um produto, vai querer saber quem é o jornalista da *Folha de S.Paulo* que escreve sobre esse tipo de coisa.

Eu criei um banco de dados de 45 mil jornalistas, contendo o telefone e o e-mail de todo mundo, com classificação para serem encontrados de acordo com seus interesses e área de atuação. A ideia era vender uma assinatura, e este era um dos produtos. Um outro produto da empresa é a clipagem, monitorando o que sai na mídia. Por exemplo: se você quiser saber tudo o que saiu na mídia sobre determinada pessoa, empresa ou qualquer outra coisa, configura lá e recebe as notificações, automaticamente — então, para oferecer esse produto, fiz uma ferramenta de *clipping*.

Aí nasceu a Comunique-se, um software de relacionamento com a imprensa, que virou também um portal para jornalistas e veículos de comunicação e do qual originou o Prêmio Comunique-se, a maior premiação do jornalismo brasileiro (dá um *search* no Youtube que encontra!).

Essa foi a empresa que eu criei e, depois, vendi. Enquanto isso, fui criando empresas-filhotes dela. Além de pegar o jeito de fazer empresas de software por assinatura, também peguei gosto por isso e me tornei um especialista no assunto. Acaba sendo um trabalho estimulante para quem, como eu, enjoa rápido daquilo que não está oferecendo adrenalina, risco ou emoção, e para quem tem déficit de atenção e precisa constantemente de estímulos.

A Comunique-se deu um filhote chamado DINO, abreviação de divulgador de notícias; depois veio a SuaTV, a RIWeb e a Influency.me. Durante a pandemia, vendi três dessas empresas. Foi quando finalmente ganhei dinheiro de verdade.

Foi uma época em que, como as pessoas ficaram mais em casa, os produtos on-line tiveram um boom. Na pandemia, a Comunique-se teve uma taxa de crescimento ainda maior, e isso ajudou a formar bons números. Então, quando empresas passaram a se interessar, a gente estava mais atraente. No caso, havia uma empresa com o dinheiro de um fundo, que precisava crescer por aquisições, e fizeram uma proposta. Que aceitei.

A princípio, tudo tinha dado certo, porque vendemos a Comunique-se e ganhamos uma grana. Então veio a surpresa: essa mesma empresa ficou sem dinheiro para pagar a conta, o que começou a gerar uma briga. O pagamento pela compra da empresa seria metade à vista e a outra metade em várias parcelas, só que eles ficaram sem grana para pagar as parcelas e queriam renegociar.

De novo, a sensação de "puta que me pariu!" me desolou. "O mundo vai acabar, eles levaram a empresa que era o nosso xodó..."

Rodando com a Pantera Negra por entre as vinhas da Bodega Renascer. Mendoza, Argentina.

Uma autêntica parrilla, durante o Encuentro Harley Mendoza, Argentina.

Cacheuta. Mendoza, Argentina.

Ao fundo, o lago de degelo de Potrerillos. Mendoza, Argentina.

Parque Provincial Aconcagua. Mendoza, Argentina.

Cristo Redentor de Los Andes, a 3.854 metros de altitude, na fronteira entre Argentina e Chile.

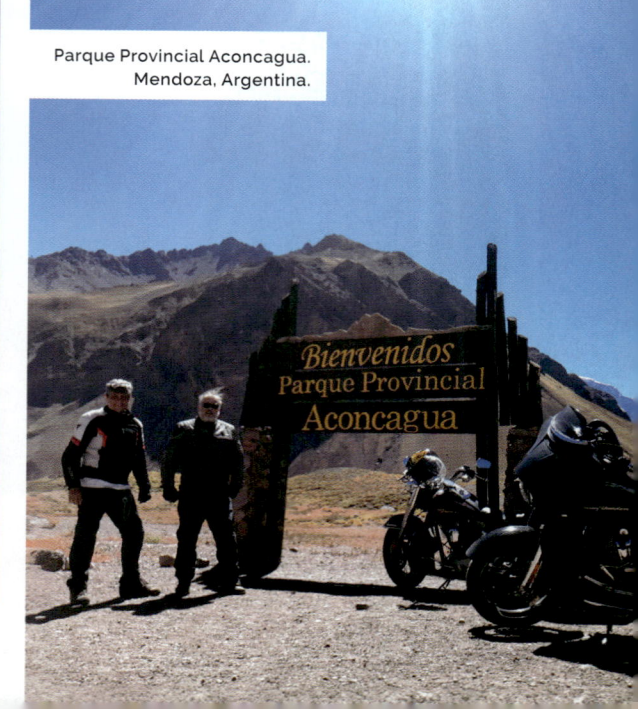

Portillo, Los Andes, Chile.

Laguna Del Inca em Portillo, Los Andes, Chile.

A ingreme e sinuosa estrada Los Caracoles, que vai pelos Andes até o Chile.

Estrada D-110, na Quebrada de Los Choros.

Estrada C-500, que segue a Playa Carrizalillo, no Chile.

Cabana que nos deu abrigo improvisado em Punta de Choros, Chile.

Estrada D-110, Chile, nos arredores de El Trapiche.

Petroglifos de Las Lizas, no Chile.

Ruta 5, a Ruta Del Desierto, Chile.

Majestoso Sol com o Oceano Pacífico ao fundo. Chile.

Cemitério Gático na Ruta 1, Chile.

Na Ruta 1, na região de Iquique, Tarapacá, Chile.

Novo país a frente: Peru.

Machu Pichu, a cidade Inca.

Resgate da Pantera Negra após acidente com pedra no chão. Peru.

Reparação da roda da Pantera Negra em uma pequena oficina no pueblo de Chalhuanca, Peru.

Militares colombianos na Ruta 40, Quindío, Colômbia.

Cruzando a fronteira do Equador.

Doce Amada e eu, chegando na casa de Elvis Presley, Graceland. Memphis, Tennessee, EUA.

Na sede da Harley Davidson, após chegar nos EUA com as motos do Brasil. Milwaukee, Wisconsin, EUA.

Lost River Cave, a caverna onde Jesse James teria se refugiado. Bowling Green, Kentuky, EUA.

Veterans Park, em Milwaukee, Wisconsin, EUA.

As motos foram guardadas em um *storage*, durante o inverno de -20°C de Chicago, Illinois, EUA.

Route 66, EUA.

Posto de Gasolina típico da Rota 66. Dwight, Illinois, EUA.

MidPoint, o lugar que marca exatamente a metade da Route 66. Adrian, Texas, EUA.

Route 66, em Galena, Kansas, EUA.

Vila indígena na Route 66. Arizona, EUA.

Williams, Route 66, US. Williams, Arizona, EUA.

Long Horn Sallon, Williams, Route 66.
Williams, Arizona, EUA.

Route 66.
Califórnia, EUA.

Big Pines. Califórnia, EUA.

A estrada US1, mais conhecida como Big Sur. California, EUA.

Carmel Point. Carmel by the Sea, California, EUA.

Crater Lake. Oregon, EUA.

Bear Glacier. Distrito de Kitimat-Stikine, Colúmbia Britânica, Canadá.

Kluane Lake. Território de Yukon, Canadá.

Fronteira Alcan, demarcando a saída do Canadá e a entrada no Alasca, EUA.

Vista do Glaciar, Glenn Highway. Alasca, EUA.

Long Lake. Chickaloon, Alasca, EUA.

Mais uma vez, era apenas minha percepção distorcida de um evento que, por si só, não tinha o poder de ser bom nem ruim. Afinal, essa situação acabou sendo boa para mim, uma vez que parte do pagamento que eles fariam dependia de metas difíceis de alcançar. Agora, poderíamos negociar.

No final, se você mantiver a calma, as coisas vão se acertar. Não adianta se desesperar. É isso que você vê no *Eu e Minha Moto*. Não importa a situação, a gente continua rindo, brincando, seguindo em frente e dá um jeito.

> Aquele era o momento pelo qual eu tanto havia lutado.

Minhas ideias e meu trabalho finalmente tinham dado os frutos financeiros que eu tanto busquei, para nunca mais ter que passar pelas situações humilhantes e tristes da minha infância. Meu desejo não era ter grana para me gabar, como tantos caras que vi por aí. Eu queria a sensação de paz e liberdade que ela carrega. Além disso, ansiava por provar para mim mesmo que não era só um moleque que tinha catado merda para comer um lanche na escola; que minha criatividade podia ajudar as pessoas e empresas a resolver problemas; que minha garra, aliada à paixão da Patrícia pelo trabalho dela, havia nos ajudado a construir um lar com uma família completa e feliz; que eu podia dar aos meus filhos a estabilidade que nunca tive. Isso era vencer, para mim; e o momento tinha chegado.

Agora estou cuidando dessa empresa-filhote, a Influency.me. Posso trabalhar do meu jeito, continuar tendo minhas ideias e resolvendo perrengues, toda aquela loucura, aquela movimentação de que tanto gosto, peculiares do empreendedorismo. Porém, agora, mais experiente e com melhor estrutura, posso trabalhar um pouco menos e ter mais tempo para mim. Por mais que eu goste de trabalhar, gosto mais de rodar na minha Harley.

ON THE ROAD AGAIN

O quarto e último trecho da nossa expedição passaria por algumas cidades dos EUA e nos levaria rumo ao norte ao Canadá, de onde seguiríamos para o Alasca. Até o Canadá, eu e o Edinho levaríamos nossas esposas na garupa; depois, nos despediríamos delas, que voltariam ao Brasil de avião, para seguir viagem.

A viagem com as esposas é diferente. Não é pior, nem melhor. Por um lado, é bom tê-las com a gente, é gostoso conhecer novos lugares com a amada, passear e jantar junto, dormir junto e tal; só que é uma experiência mais civilizada, o que, aliás, combinou bem com o trecho pela Costa Oeste dos EUA e pelo Canadá, um dos países mais civilizados que existem.

Sabendo disso, consegui curtir aqueles dias de passeios por museus e lugares floridos. O Alasca não seria fácil e todo o calor acumulado dos dias com a Patrícia me daria forças para o que estava por vir.

O primeiro passo era buscar as motos na Harley-Davidson, em Los Angeles, onde tínhamos deixado nossas guerreiras antes de voltar ao Brasil. Era lá que eu encontraria a Patrícia, o Edinho e a esposa dele. Apesar de ser EUA, o pessoal de lá era enrolado pra caralho, pois, como avisei que estava chegando, poderiam ter deixado a moto pronta, o que não fizeram. Como a moto ficou parada, precisava de um técnico para testar. Apesar de ela estar bem suja, reencontrar minha Pantera Negra foi uma maravilha de sensação. Saindo de lá, fomos dar um rolê em Beverly Hills.

Eu sei o que você está pensando: as mulheres acabaram com o nosso perfil *Easy Rider*, mas seria por pouco tempo.

Não demorou para que eu e o Edinho percebêssemos que a viagem tinha mudado completamente. Alugamos uma casinha simples, mas simpática — nada de ficar em hotéis meia-estrela numa cidade-fantasma no meio do deserto —, fizemos um passeio de moto pela Rodeo Drive e visitamos a Venice Beach, famosa praia californiana.

A Pacific Coast US1 é uma das estradas mais lindas do mundo. Foi pilotando por ela que passamos por Malibu, com uma vista para um mar de um azul profundo, bem bonito, potencializado pelo dia ensolarado e sem nuvens. Conhecemos a Ventura Harbor Village, o píer de Santa Barbara e uma serra belíssima, com montanhas verdes, a caminho de Los Olivos. Essa é uma cidade bem pequena, com degustação de vinho, azeite de oliva e um povo simpático. Eu sabia que não teria tido tanta graça sem a companhia da Patrícia.

Não pude deixar de ser esmagado, momentaneamente, por uma lembrança: a primeira vez que andei de Harley-Davidson na vida foi numa viagem a trabalho exatamente àquele lugar. Foi essa viagem que criou, em mim, a vontade de viajar mais de moto e foi naquele trecho — Avila Beach. Dez anos mais tarde, lá estava eu, de volta àquele lugar, depois de ter conquistado praticamente todos os meus sonhos, na minha própria Harley. Bateu um saudosismo cheio de orgulho.

Uma das cidades mais famosas da Califórnia é San Luis Obispo e foi para lá que fomos. Não mencionei, mas, enquanto estávamos no Brasil, o Edinho fez uma cirurgia bariátrica. Como ficou com o estômago reduzido, podia comer bem pouco. Mas sabe como é o Edinho: totalmente indisciplinado. Acabou comendo mais do que devia e passou mal. Precisou de um tempo para se recuperar.

Depois fomos para Morro Bay em um dia ensolarado, com montanhas ao fundo e muito verde, além de uma vista do píer encoberto pela névoa. O lugar é muito pitoresco.

Morro Bay tem um monte de lojinhas, com uma *vibe* bem artesanal. Também conhecemos Cambria, uma cidade de 6 mil habitantes, rústica. Durante a caminhada por suas ruazinhas, ouvi um sonzinho ao vivo, nos fundos de uma casa, e não resisti à curiosidade. Entrei e me deparei com um pequeno restaurante com um som superbacana e uma galera dançando. Casava bem com aquele estereótipo da Califórnia, mais *good vibes*.

Nessa costa, tivemos a oportunidade de ver elefantes-marinhos, enfileirados bem na beira do mar. O único problema dessa costa ser tão gostosa é que você acaba não pilotando muito, pois quer parar em cada cidadezinha que aparece. Cada parada é única. O trecho inteiro oferece uma vista espetacular. É uma beleza diferente da nossa. No Brasil, você entra na água e interage com a natureza; já ali, é frio demais para isso, então é lindo para ser admirado.

Paramos na bucólica e florida Carmel, onde a praia é de areia branca e águas verdes. Ficamos num hotel em Monterrey, que é muito mais barato do que Carmel, uma cidade caríssima. Conhecemos o *fisherman's wharf* — várias cidades nos EUA têm um *fisherman's wharf* —, um píer muito bonito.

Era um dia nublado quando acordamos em Monterrey, decididos a conhecer o famoso parque florestal Yosemite. Pegamos uma estrada toda esburacada — coisa rara nos EUA, mas acontece —, saindo de um cenário de praia para um deserto, sentindo a temperatura subir bastante. Foi nesse calor que nos deparamos com a estrada bloqueada por uma fila imensa de carros, no meio das montanhas, para chegar a Yosemite.

O Yosemite National Park fica nas montanhas da Serra Nevada, nos condados de Mariposa e Tuolumne. Só pelos nomes você já consegue sentir o legado indígena, que é muito presente naquele lugar. O parque recebe aproximadamente 3 milhões de visitantes anualmente, cobre cerca de 3.000 km^2 e tem, como atrações, desfiladeiros, bosques de sequoias absurdamente grandes, quedas d'água e arroios. É um Patrimônio Mundial, com mais de cento e cinquenta plantas raras e a presença de animais como ursos — entre trezentos e quinhentos ursos habitam o parque —, coiotes, veados e pássaros diversos.

Os povos indígenas que habitavam a área eram os Paiute, Sierra Miwok e Ahwahnechee. Houve guerras na região, contra os exploradores brancos que passaram a invadi-la.

É impossível descrever o lugar, mas consegui captar belas imagens de suas sequoias; do rio Mercedes, que nos acompanhou por boa parte do passeio; das montanhas gigantescas. Vimos um arco-íris inacreditável numa queda d'água, uma vista realmente espetacular — um paredão meio cor de areia, tão alto que impressiona —, e uma queda d'água que batia com tanta pressão que pulverizava em todos ali.

Fomos abordados por um guarda florestal, que nos avisou que onde estávamos havia ursos. Ele perguntou se sabíamos o que fazer se víssemos um, e minha resposta foi:

— Eu corro pra caralho!

Ele me avisou que eu me daria mal se fizesse isso! A coisa certa era tentar parecer maior do que sou, tipo abrir os braços e berrar, para assustá-lo. Apesar das brincadeiras, confesso que olhava para os lados, esperando ver um urso, e fiquei chateado por nenhum ter aparecido para mim.

No dia seguinte, acordamos num hotel próximo a Yosemite, com um tempo ótimo, e pudemos passear pelo parque mais uma vez, agora a caminho do também famoso Lake Tahoe.

No dia seguinte, ainda sob um céu sem nuvens, fomos a uma praia no lago, onde se pode andar de barco e fazer um voo de parapente. É um lugar bem gostoso, só que com bastante gente. De lá, seguimos para Emerald Bay, com sua paisagem de pinheiros, montanhas e lago. Consegui voar com o Mosquitão, registrando aquele lugar sensacional, formado na era do gelo.

No Lake Tahoe há várias praias pequenas, e os americanos curtem mesmo. Como era véspera de Quatro de Julho, o Dia da Independência, vimos muita movimentação para aquelas cidadezinhas. Pudemos sentir a cultura americana na sua essência.

Nossa viagem nos levou a outras pequenas cidades pitorescas, com lojinhas de chocolate, artesanatos, artigos relacionados ao mar, bandeiras dos EUA e gente tocando violão na rua.

No Quatro de Julho, passamos por uma região mais seca, mas ainda bem verde, parando num lugar bastante bonito, o Lake

Britton. Que vista, que natureza linda. A estrada é Volcanic Legacy Byway, basicamente uma faixa de montanhas com vulcões, quedas d'água e lagos. Tínhamos acabado de sair da Califórnia, quando paramos num McDonald's na estrada e vimos, na TV, que havia tido um terremoto lá, pontuando mais de seis na escala Richter. No vídeo do canal, chego a citar que não foi grande, mas, depois, descobri que tinha sido, sim, um terremoto de grande intensidade.

Sorte por não estar lá na hora ou azar por ter perdido a experiência?

Nunca saberei.

Visitamos o Crater Lake, um lugar sensacional, com uma história bem peculiar. Suas dimensões e profundidade impressionam: ele tem 8 km × 9,6 km de largura e profundidade média de 350 m — chegando a 597 m, sendo, assim, o lago mais profundo dos Estados Unidos.

O que o torna tão interessante é que ele ocupa a cratera criada quando um vulcão em erupção violenta fez desabar a montanha Mount Mazama, de quase 3.700 metros de altura. Isso aconteceu há 7 mil anos e foi um evento contado e recontado oralmente pelo povo que o testemunhou, as tribos Klamath.

Nos anos seguintes, a neve e as chuvas preencheram o espaço deixado por esse acidente natural, criando o lago. A pureza da água é o que lhe confere o tom profundo de azul que emociona.

Depois dessa visita incrível, seguimos rumo ao Norte, com florestas de ambos os lados, por uma estrada bem deserta, seiscentos quilômetros até Seattle, chegando, no final do dia, a Salem, no Oregon, que não deve ser confundida com a Salem de Massachusetts, do outro lado do país, onde ocorreu a caça às bruxas.

Paramos num barzinho, onde fizemos amizade com os gringos, que falavam "eu e minha moto" com aquele sotaque estranho, e provamos diversas cervejas diferentes, entre os trinta tipos que o bar oferecia; inclusive uma de chocolate.

A próxima parada era Seattle, lar de lendas do rock n'roll.

Leia o QR code para assistir ao episódio "Viagem de Moto - Yosemite" no Youtube

O LONGO ADEUS

Minha mãe morreu numa cirurgia de coração. Alguns filhos, eu diria a maioria, têm o privilégio de poder se despedir ou, pelo menos, tentar se preparar para nunca mais ver e abraçar suas mães. Não aconteceu assim comigo.

Minha mãe tinha 67 anos e estava superlúcida e com vigor. Tinha um problema cardíaco importante, mas que não a incapacitava. Ela fez os tratamentos, estava bem, andando, fazendo de tudo, falando, vivendo de verdade, com o alívio de ver, depois de tanto esforço e luta, os filhos felizes e bem de vida, ainda com uns vinte anos pela frente para ver os netos crescerem.

Apesar de estar se sentindo bem, seu coração estava inchado. Isso a deixava sempre muito cansada, e o médico insistia para que operasse, aproveitando que ela estava bem de saúde, pois a progressão dessa doença seria fatal. Tanto insistiu que ela concordou. Minha mãe não voltou da cirurgia.

Foi um baque, porque ela estava bem e, pouco tempo depois, estava morta. Foi uma sensação horrorosa.

A gente sempre acha que não fez tudo o que podia ter feito.

"Eu podia ter conversado mais, podia ter abraçado mais, ter ficado mais com ela..." É muito pesado o que vem depois, a gama de emoções negativas, desde a negação à raiva, até a saudade que chega a tirar o fôlego.

Minha mãe tem muita história. Era famosa no meu grupo de amigos. Todo mundo falava da dona Glória, porque ela era muito atacada e comprava muita briga. Era difícil discutir com ela, porque era cheia de argumentos e sempre achava que estava certa. Apesar desse jeitão — que dava até medo em alguns momentos, tipo "será que ela vai explodir?" —, ela geralmente tinha razão mesmo, por mais que mostrasse isso de um jeito muito volátil, jogando coisas e arremessando objetos.

Hoje eu penso: "mas ela conseguiu manter a gente na linha, né?". Fico imaginando como deve ter sido criar nós três num lugar daqueles, naquela situação. A Adriana, minha irmã, era boazinha, mas eu e o Luciano éramos umas pestes. Se ela não fosse brava, eu ia ser foda, então ela manteve a gente na linha. E a gente adorava a minha mãe.

Ela virou um personagem. Todos os nossos amigos gostavam dela, falavam com ela; e ela amava conversar com eles, participava das coisas, tinha uma cabeça moderna, um lado meio infantil e brincalhão que todo mundo enxergava também.

Difícil não lembrar da minha mãe partindo para cima daquelas mulheres no sítio; mandando o vizinho armado atirar nela, se fosse homem; ou entrando, como ela entrou, com carro e tudo, dentro de um restaurante, porque tinha visto meu pai lá dentro com outra mulher, atropelando tudo o que viu pela frente, estilhaçando o vidro e fazendo cadeiras voarem.

Explosiva, minha mãe comprava muita briga, mas era justa. Era nervosa, mas capaz de fazer qualquer coisa pelos filhos.

É pensando nela que eu encerro a parte Búfalo deste livro. Dona Glória, que partiu no outono da minha vida; cabendo, a mim, seguir para o inverno sem ela.

URSO

PARTE 4

And now the end is here   "E agora, o fim está aqui
And so I face that final curtain   E eu encaro a cortina final
My friend I'll make it clear   Meu amigo, vou deixar claro
I'll state my case, of   Afirmar meu caso, do
which I'm certain   qual estou certo
I've lived a life that's full   Vivi uma vida plena
I traveled each and   Viajei por todas as estradas
every highway   E mais, muito mais do que isso
And more, much more than this   Eu fiz tudo, e do meu jeito"
I did it, I did it my way

"My Way" (Frank Sinatra, mas na versão de Elvis Presley)

O território de Yukon tem um clima subártico, o que basicamente significa que é frio pra caramba. Tão frio que existe um conto clássico da literatura norte-americana, escrito por Jack London, dedicado inteiramente a descrever um homem morrendo congelado naquele lugar. Essa história "divertida" é chamada de *Acender uma fogueira*. Segue um trecho dela, traduzido por mim:

"Era seu último momento de medo. Quando recuperou o fôlego e o controle, ele se sentou e pensou em conhecer a morte com dignidade; entretanto a ideia não lhe chegou exatamente dessa forma. Ele pensou que havia agido como um idiota; havia ficado correndo por ali como uma galinha com a cabeça cortada. Certamente congelaria naquelas circunstâncias e deveria aceitar esse fato com calma. Com a paz recém-encontrada, chegaram as primeiras noções de sono. *Uma boa ideia*, ele pensou, *dormir até morrer*. Congelar não era tão ruim quanto as pessoas achavam. Havia muitas maneiras piores de morrer."

Eu consegui pisar no Alasca. Para chegar lá, no entanto, precisei atravessar o Yukon e o Canadá inteiro; e isso não foi nada fácil.

BARRADOS NA FRONTEIRA DO CANADÁ

O sábado tinha amanhecido nublado em Salem, no Oregon. Ainda com nossas esposas, saímos para conhecer um pouco a cidade, antes de ir para Seattle, e descobrimos um ponto turístico chamado Deepwood Museum and Gardens. O museu foi construído em 1894 e abriga uma variedade de exposições sobre a história de Salem, incluindo arte, antiguidades e artefatos históricos

Na entrada de Portland, encontramos uma espécie de festival de blues e jazz com algumas barraquinhas de vendas e palcos para shows, mas, como estávamos só de passagem, não conseguiríamos curtir mais do que alguns minutos. Mesmo não entrando, consegui filmar um pouco para o canal. Nossa placa do Rio de Janeiro com a bandeira sempre chama muita atenção dos povos locais, então, temos a oportunidade de contar nossa história e conhecer bastante gente, coisa que eu adoro.

Lar de empresas como a Microsoft e a Amazon, Seattle é uma cidade próxima ao Canadá e foi parada obrigatória enquanto nos preparávamos para encerrar o trecho nos Estados Unidos.

Uma curiosidade: o "Rain City Superhero Movement" foi um movimento criado por ativistas e cidadãos de Seattle, que foram para as ruas vestindo roupas de super-heróis com o objetivo de melhorar a segurança da cidade. Por três anos, entre 2011 e 2014, eles interferiram em ações criminosas, interrompendo assaltos, vandalismo, impedindo que pessoas alcoolizadas dirigissem e coisas do tipo. Um dos líderes do grupo, um cara chamado Phoenix Jones, acabou encerrando o movimento. Imagina se uma coisa dessas acontecesse no Brasil, como seria...

Seattle também é o lugar onde nasceu o movimento grunge, com bandas como Nirvana, Soundgarden, Alice in Chains e Pearl Jam. Artistas como Ray Charles e Quincy Jones também nasceram lá.

Outra coisa bacana de saber sobre a cidade (e que tem tudo a ver com o trecho final da minha expedição) é que, em 1896, ouro foi descoberto no rio Klondike, no território de Yukon, no Canadá — aquele mesmo do carinha morrendo congelado no conto do Jack London. Essa descoberta desencadeou uma corrida do ouro, que levou multidões de diversas áreas da Costa Oeste ao Norte. Só que Seattle estava bem no caminho e virou um ponto de parada para essas pessoas comprarem alimentos, roupas e acessórios, e, consequentemente, o comércio na cidade cresceu.

Essa corrida para o Yukon foi responsável, em grande parte, pela expansão de Seattle. A cidade tem esse nome em homenagem ao chefe indígena Chief Seattle, que acolheu os primeiros colonos do lugar.

Um dos locais que eu mais queria conhecer por lá era o museu de cultura pop, o MoPop. Foi lá que vimos artefatos originais de filmes e seriados, como *Blade Runner, Star Trek, Tron* e *Perdidos no Espaço*. O museu tem uma área dedicada ao Jimi Hendrix, que nasceu em Seattle, com roupas, fatos, fotos, anotações, palhetas, guitarras, violão e até o passaporte do cara. Guitarras e outros objetos de artistas como Eric Clapton e Prince também chamam a atenção. Há um espaço sobre o Nirvana e o Kurt Cobain, pequenos estúdios onde os visitantes podem tocar instrumentos diversos, fazer *jam sessions* e brincar com mixagem de som.

Foi no barzinho do museu que assistimos ao jogo do Brasil, na final da Copa América, e comemoramos um gol, antes de visitar a atração turística mais cheia de germes do mundo, a Gum Wall, uma espécie de beco em que todas as paredes são completamente cobertas de chicletes, de todas as cores. Eu já tinha visto paredes de notas de um dólar, mas não de chicletes.

O lugar mais famoso de Seattle é o Sky Needle, aquela torre que parece estar querendo chamar ETs para nos visitar. Apesar de caro, é um passeio divertido e bem disputado. Pega-se uma fila longa e um elevador panorâmico, que te leva até lá em cima, onde você pode pisar num chão de vidro e ver a cidade. As esposas adoraram! Tem também um museu sobre a torre e sobre Seattle. Uma das atrações mais legais é a exposição de arte em vidro, realmente genial e muito louca, que mostra possibilidades de criação em vidro inacreditáveis. Visitamos, também, o Pier 55.

No dia seguinte, chegando a Port Angeles para embarcar no ferry que nos levaria à Ilha Victoria, no Canadá, o mago Gandalf apareceu, cravou seu cajado em solo americano e berrou: "Vocês não passarão!".

A história é a seguinte: o Edinho ficou responsável por conferir a necessidade de um visto para entrar no Canadá e afirmou que não precisava. De fato, se estivéssemos viajando de avião, o visto canadense não era necessário para brasileiros, apenas uma autorização digital. Então pegamos a estrada até Port Angeles, um trecho de 140 quilômetros.

Chegando lá, fomos barrados: a autoridade de Port Angeles nos explicou que brasileiros viajando pela estrada precisavam, sim, do visto canadense. Depois desse primeiro momento de "puta que pariu!", ligamos para a embaixada brasileira no Canadá, que confirmou a informação.

Isso era gravíssimo. Sem um visto, não poderíamos entrar no Canadá. Consequentemente, perderíamos as passagens de retorno das esposas, que estavam compradas para Vancouver. E pior: não conseguiríamos chegar no Alasca, nosso sonho e propósito maior da expedição.

Mas somos brasileiros e não desistimos nunca. Decidimos retornar para Seattle e tentar a sorte por outra fronteira, terrestre dessa vez, mesmo sem visto.

Quando essas coisas acontecem, não adianta chorar. Você tem que curtir a estrada e tentar relaxar. Outra coisa, ficar puto com seu parceiro de viagem vai estragar a relação e não vai resolver o problema. Tem que colocar o erro em perspectiva e pensar na trajetória de vocês como um todo. Mas ainda passaríamos por mais um perrengue, naquela fronteira, por causa do Edinho.

Ainda em Port Angeles, enquanto pensávamos em alternativas, sugeri que emitíssemos a tal da permissão eletrônica para cruzar a fronteira. Por mais que isso servisse apenas para quem estava viajando de avião, na minha cabeça, era uma forma de mostrar às autoridades que tínhamos permissão para estar lá, que estávamos respeitando as leis deles e tal. Só que o Edinho foi contra, argumentando que essa permissão não adiantaria de nada no nosso caso.

É que o Edinho é pão-duro demais, e a permissão custaria uns US$ 50 por pessoa.

O que aconteceu? Quando chegamos à outra fronteira, terrestre, a autoridade pediu o visto. Disse para ele que estávamos sem visto. Daí ele perguntou se tínhamos, ao menos, a permissão eletrônica. Cara...

E lá ficamos. Fomos conduzidos para o escritório da fronteira, e eu, como único dos quatro a falar inglês decentemente, fiquei tentando desenrolar com o canadense, contando a história inteira, falando sobre o canal no YouTube, explicando, explicando e explicando. No total foram *seis horas* de sabatina, tentando convencer o pessoal a nos deixar passar. Saímos meia-noite e meia de lá, mas conseguimos! As esposas estavam esgotadas.

Eles emitiram um visto temporário, que durava poucos dias, só o suficiente para entrarmos no Alasca, e, uma vez que saíssemos do Canadá, não poderíamos voltar. Os US$ 59 por pessoa, da permissão eletrônica, que o Edinho não quis pagar, nos custou 2 mil reais por casal, mas a expedição ia continuar.

Leia o QR code para assistir ao episódio "Barrados na fronteira do Canadá" no Youtube

BORA RODAR...

Quando tinha uns sete, oito anos, eu me dei conta de que, um dia, iria morrer.

Antes disso, tinha uma vaga noção do que era a morte, afinal meu pai havia chegado bem perto dela, mudando o curso da nossa vida, e ela estava presente na televisão, nas conversas dos adultos, nos desenhos infantis, em tudo; mas foi naquela idade que a constatação mais sólida e realista da morte como algo inescapável me agarrou pelo colarinho.

"Um dia eu vou morrer. Todo mundo morre, então um dia eu vou morrer."

Essa consciência de que eu iria morrer, não importava o que fizesse, fosse rico ou fosse pobre, deu um medo danado. Durante um tempo, na minha vida, isso me deixou bem abalado, porque, junto com essa consciência, veio outra: o tempo passa muito depressa.

Eu me lembro de antecipar o Natal o ano inteiro, como quase toda criança; e, de repente, já era Natal; e, num piscar de olhos, já era o dia seguinte. Embora a árvore ainda estivesse lá e os presentes ainda fossem novos, já tinha passado; e eu pensava: "o tempo passa muito rápido; então, em pouco tempo, eu vou morrer".

Confesso que, de vez em quando, penso nisso. "Minha vida é tão boa, eu gosto tanto de viver, mas vou morrer e vai ser rápido, cara." O tempo, desde que eu era aquela criança de oito anos até agora, com 53, passou muito depressa. Foi meio por conta disso que começou esse lance de rodar, que acabou virando a frase do canal:

Bora rodar enquanto a gente ainda pode rodar!

Acho que meu medo era um dia me ver sentado num sofá, com oitenta, noventa anos, pensando: "eu não fiz nada, não... *não aproveitei minha vida*". Foi por isso que decidi fazer o que mais gosto, viajar de moto; rodar o mundo inteiro de moto, sozinho, com amigos, com a esposa, de qualquer jeito.

Toda vez que estou na estrada e conheço lugares como aquela tumba de Sipan, o cemitério maldito nas montanhas ou alguma múmia, é nisso que eu penso, que a vida é um sopro e vou curtir o máximo possível.

Quando estávamos no Chile, paramos para ver um cemitério no meio da estrada. Era um lugar esquisito, no meio do nada, com uma placa que dizia "Cementerio Gatico". A primeira coisa em que pensei: "É um cemitério para gatos. Tudo bem que é no deserto, mas, vâmo bora, vâmo ver isso".

Passeando pelos túmulos de cruzes tortas, comecei a ver brinquedos e bonecas, bichinhos de pelúcia velhos, sujos da estrada. Aí me liguei: era um cemitério de crianças.

Putz, que coisa bizarra, deprimente! Supersinistro. Parecia ter sido tudo feito pelos próprios pais das crianças, um cemitério *freestyle*, cada túmulo e lápide de um jeito; e era visitado, porque havia flores fresquinhas, recém-depositadas nos túmulos.

Aquilo me deu uma sensação ruim, mas, quando passou, só serviu para reafirmar a noção de que nossa passagem por aqui é breve demais.

Acho que o confronto com a minha mortalidade também fortaleceu em mim a vontade de deixar uma marca no mundo. Não quero ser só o passado de algumas pessoas, algumas lembranças, sabe? Quero deixar minha marca. Por isso faço tanta questão de ser diferente, extraordinário, de fazer tudo bem-feito, com garra, acima da média. O normal e o básico nunca estão ok para mim, então, assim... se fosse para viajar de moto, eu não queria ir para Petrópolis; queria ir para o Alasca. Se fosse para ser empresário, não queria ter uma empresa, queria ter logo cinco; e não quaisquer empresas, mas empresas foda mesmo, criativas, disruptivas.

Quando quis aprender música, foi logo para aprender cinco instrumentos musicais diferentes. Não quero falar só português e inglês, quero falar vários idiomas — e me viro bem em vários. Até filhos, fiz logo três — brincadeira, amada!

Na cidade de Guanajuato, no México, aceitei os arrepios na espinha quando desci uma mina superúmida e com cheiro de morte, onde mais de duzentas pessoas tinham morrido soterradas. Curioso é que tem até uma estátua da Morte na cidade. A relação do mexicano com a morte é bem intensa e interessante, quase festeira.

Esses encontros com Ela me rendem pesadelos, às vezes. As múmias de Guanajuato aparecem com as bocas abertas, pedindo ar, claramente em agonia, e há tantas delas, que morreram num surto de cólera, que chega a ser chocante.

Há muita controvérsia sobre se esses cadáveres deveriam ser expostos. Muitos deles foram enterrados vivos. Uma das múmias foi encontrada numa posição que indica que estava mastigando o próprio braço.

Às vezes, eu acordo num hotel escuro, esquisito, no meio do nada, sem fôlego. Parece que, quando visitamos esses cadáveres, eles deixam alguma coisa com a gente. Nesses momentos, penso: "Eu preciso viver. Preciso curtir minha vida".

WELCOME TO CANADA, MY FRIEND

Estávamos no Canadá e decidimos passar alguns dias em Vancouver, para conhecermos mais da cultura local. É importante ter experiências em países que oferecem uma boa qualidade de vida aos seus habitantes, ampliando seus horizontes e testemunhando futuros possíveis para nosso próprio país.

O Canadá é um dos melhores países em liberdade econômica, transparência governamental e educação. É um lugar limpo, organizado e de pessoas meio "na delas", mas educadas. Um dos aspectos mais interessantes, para mim, é que diversos povos indígenas habitaram o território.

Um dos primeiros pontos de parada foi o Capilano Suspension Bridge Park, que fala bastante sobre a história da formação do Canadá e exibe alguns totens indígenas que reforçam essas origens. No dia em que fomos, o lugar estava cheio. São várias pontes de corda, ligando uma árvore a outra, e o lugar me lembrou o cenário de *Star Wars*, aquelas casinhas onde moravam os Ewoks.

O grande perrengue que passei em solo canadense, como se não bastasse o sufoco que foi entrar no país, aconteceu quando tive a ideia de usar o drone em um lugar cheio de pinheiros. Seriam imagens muito bonitas para o canal, e eu estava me divertindo, até embrenhar o Mosquitão num dos pinheiros e ele desaparecer. Para piorar, o pinheiro, de 40 metros de altura, ainda ficava em propriedade privada.

Por mais que eu berrasse do lado de fora da casa, para que alguém atendesse, ninguém aparecia. Dava para ver que tinha alguém lá dentro, mas, como fui ignorado, decidi pular o muro. Sim, no Canadá.

Não sei se lá as leis são como nos EUA, mas, se eu pulasse um muro no Texas, levaria uns mil tiros, com respaldo da legislação. Corri o risco pelo meu Mosquitão e, em pouco tempo, apareceu uma senhorinha, a dona Linda.

Com calma, expliquei minha situação. Levei uma bronca, que não doeu, e tentei pegar o drone com um pedaço de pau, mas eram 30 metros. Não tem pau desse tamanho.

— Ele é meu companheiro de viagem — falei para ela e expliquei sobre o canal no YouTube.

Ganhei a simpatia da Linda, e ela sugeriu que eu tentasse chamar um cara que podava as árvores.

Precisei ligar para a autoridade local e conseguir uma autorização. Depois de muito tempo, o podador de pinheiros, de 62 anos, resgatou o Mosquitão. Ele, aos 62 anos, super bem de saúde, subiu aquele pinheiro de 30 metros com uma facilidade impressionante.

Outras paradas foram o Stanley Park e a Lions Gate Bridge, onde vi um pôr do sol espetacular, o Butchart Gardens e a Ilha Victoria. Pegamos a Trans-Canada Highway numa região montanhosa, e eu estava curtindo a viagem — até olhar no retrovisor e perceber que o Edinho havia sumido.

Fiquei na beira da estrada um tempão, esperando por ele. Quando apareceu, descobri que ele tinha tomado uma multa por fazer uma ultrapassagem ilegal e ainda mandar o dedo do meio para o canadense no volante. Quando foi parado pela polícia, esse mesmo motorista não resistiu e mandou um gesto de "se fodeu" para o Edinho. Isso rendeu boas risadas para o canal, porque ele virou uma espécie de alívio cômico do *Eu e Minha Moto*. O pessoal ama o Edinho.

Nossas esposas tinham voltado para o Brasil de avião e estávamos sozinhos de novo. O pão-duro do Edinho ficou remoendo a história da multa e, mais uma vez, deixou de abastecer quando deveria. Ficamos naquele suspense de "será que vai ter pane seca?", mas o bom de viajar com o cara mais sortudo do mundo é que tudo dá certo no final. Naquele dia nublado e frio, com o ponteiro mostrando o tanque vazio, encontramos um posto nos 45 minutos do segundo tempo, e, novamente, o Edinho foi salvo.

A vantagem daquele trecho é que escurecia muito tarde, o que nos permitiu pilotar mais. Na estrada, tinha cervo, alce e outros bichos, então tivemos que redobrar a atenção. Essa é uma característica de pilotar em uma highway canadense. No posto que salvou a moto do Edinho, conhecemos um casal incrédulo, ao descobrir que tínhamos pilotado até lá desde o Rio de Janeiro. Eles tiraram fotos da placa.

— *Welcome to Canada, my friend* — disse um cidadão, empolgado, no estacionamento do Walmart.

Apesar de terem sido colonizados pela França, país de gente geralmente mais reservada, os canadenses são muito amigáveis... e, não, nem todo mundo é amigável com motociclistas.

Dá pra notar que, muitas vezes, as pessoas ainda têm um pouco de preconceito, quando veem uns caras com roupas de couro, muitas vezes barbudos e cheios de tatuagens, descendo de uma moto. Lembro-me de uma vez, no trecho da América Latina, em que uma coisa curiosa aconteceu num hotel. A recepcionista falou que, mesmo que houvesse quarto disponível, custaria cerca de quinhentos reais. Saímos do prédio, e o Edinho encontrou o hotel no Booking, descobrindo não apenas que havia vagas naquele dia, mas que o quarto custava cerca de cem reais.

Fizemos a reserva pelo Booking e conseguimos nos hospedar. Só posso deduzir que, ao nos ver empoeirados da estrada, com roupas de motoqueiros e capacete na mão, ela não quis nos receber, mas não contava com nossa astúcia!

Leia o QR code para assistir ao episódio "Enfiei o mosquito (drone) num pinheiro de 30m no Canadá" no Youtube

LEGADO

Quando descobri que a Patrícia estava grávida do nosso terceiro filho, não sabia o quanto aquilo seria bacana.

Para mim, dois filhos já estava bom. Tínhamos a Giulia e o Bruno, e eu já estava ansioso para começar a viajar mais, passar mais tempo na estrada. Quando você tem um filho, são, pelo menos, uns cinco, seis anos em que não consegue fazer muita coisa. Ele foi uma das melhores surpresas que tivemos.

O Daniel foi a raspa do tacho total. Ele é uma figura. Todo mundo gosta dele.

Assim como os irmãos, ele herdou meu déficit de atenção. Está na fase boa, de querer ficar com a gente. É animado, malha comigo e a mãe, quer participar de tudo; e é quem mais sofre quando eu viajo. Por isso, faço questão de falar com eles todos os dias quando estou na estrada, algo que, felizmente, a tecnologia me permite, com as chamadas de vídeo. Sei que preciso curtir essa fase do Daniel, porque meus filhos mais velhos me mostraram que esse grude acaba um dia.

Acho que tentei compensar a ausência do meu pai e ser um pai melhor para os meus filhos, mas não virei um pai-bolha. Não sou de proteger demais nem de mimar. Entendi que podia ser durão quando necessário e, mesmo assim, ser compreensivo e carinhoso, aberto a ouvir, aberto às diferenças.

A fase que mais testou minha paternidade foi a adolescência dos meus mais velhos. Hoje, a Giulia está com 23 anos, mas, quando era adolescente, deu muito trabalho. Era baladeira e totalmente sem regras. É aí que a gente vê nossos próprios defeitos refletidos neles.

Eu sempre fui de me arriscar, mas cresci em outro mundo; então chega aquela hora de ser adulto e mostrar aos filhos que tem risco que vale a pena e outros que são só burrice mesmo.

Deu certo! Deu trabalho, mas deu certo. Minha filha, hoje, trabalha comigo e é superdescolada. Ela se vira e corre atrás das coisas. No fim, é isso que quero para eles; deixar as lições, mas também as ferramentas para correr atrás do próprio sucesso sem depender de nós.

Já o Bruno foi um filho que me forçou a praticar mais a empatia, a me colocar mais no lugar dele para entendê-lo e solidificar nossa relação. Como eu, ele tem déficit de atenção, mas sem o efeito colateral "positivo", que se manifesta como hiperfoco. Entre os três filhos, foi o mais calmo, sem expressar interesse por baladas ou bebida, por exemplo — o que já foi um grande alívio. Por outro lado, por muito tempo ele me pareceu excessivamente apático, sem paixão por nada, incluindo hobbies ou trabalho. Percebi que éramos bastante diferentes nesse aspecto, e a falta de garra dele transformou-se em preocupação para mim.

É aqui, já na adolescência, que o Bruno finalmente se inspirou e deu início a um processo de transformação muito positivo. Curiosamente, sua motivação foi muito parecida com a minha. Eu não tinha vontade de me esforçar e estudar até a Patrícia aparecer na minha vida; com o meu filho aconteceu o mesmo. Ele conheceu uma garota estudiosa e, até o momento em que escrevo este livro, está correndo atrás, como eu também corri, de realizar seus sonhos.

O exemplo da mãe, que sempre estudou muito e batalhou, acabou influenciando todos os nossos filhos. A Patrícia se especializou em neonatologia e, depois, em doenças infectoparasitárias, que é controle de infecção hospitalar. Apesar de criar os três filhos e ser uma mãe presente, ela nunca parou de trabalhar. Não gosta de consultório, prefere a loucura hardcore de uma UTI neonatal, onde trabalha com mais intensidade e faz uma grande diferença nas vidas dos outros.

Hoje, ela já está conseguindo trabalhar um pouco menos para poder viajar mais comigo. Depois de quase quarenta anos de estudo e trabalho intensos, estamos, aos poucos, conseguindo estruturar nossas carreiras e vida familiar para conhecer o mundo juntos, na moto.

ENFIM, ALASCA

Vários fatores contribuíram para a intensidade que foi chegar ao Alasca, mas dois deles vale a pena mencionar: o primeiro é que o Canadá é enorme. A gente andava por dias e parecia não chegar nunca. Além disso, o lugar onde estávamos era deserto, meio inóspito, com hotéis muito ruins, rústicos e sujos, e isso contribuiu para acentuar nosso cansaço e a ansiedade para chegar logo ao destino. O segundo foi o perrengue que passamos com o pneu do Edinho.

Parecia aquela frase que diz que...

"a noite é mais escura logo antes do amanhecer".

Pois foi exatamente isto: os últimos quilômetros no Canadá seriam de estresse, um pouco de irritação e uma dose de medo.

O que rolou foi que o Edinho estava com o pneu muito ruim. Ele deveria ter trocado antes de seguir viagem naquele trecho. Inclusive, quando saímos de Prince George, passamos numa loja da Harley, para fazer pequenos ajustes nas motos, e aquela era a hora certa. Lá, paguei só cinco dólares para trocar a bateria e ajustar um cano que estava solto. Nosso plano era rodar mais de setecentos quilômetros para dar uma adiantada na viagem.

Passamos pelo Burns Lakes District, pegamos um pouco de chuva e, ainda por cima, o Mosquitão deu problema; voava, mas não filmava. Saber que teria que seguir viagem sem poder capturar aquela paisagem incrível me deixou um pouco chateado, mas isso também faz parte. O lado positivo era que eu ainda tinha a GoPro e o celular para conseguir as imagens.

Numa das paradas, uma senhora contou um causo de quando um urso a perseguiu, e isso me animou para ver algum urso.

Foi nesse trecho que conhecemos um cara que comprava peças diversas de Harleys em leilões e as usava para construir motos. Ele pagava muito pouco. Tinha um caminhão cheio de peças, incluindo um motor inteiro, pelas quais tinha pagado míseros quatrocentos dólares canadenses.

Paramos numa cidade totalmente abandonada, com uns totens possivelmente originais, cheia de carros abandonados, no meio da serra, e descobrimos que se tratava de uma comunidade indígena.

A estrada era ladeada por floresta, sem carros ou outras motos, de forma que parecia ser só nossa. Não havia sinal de internet. Eram quase dez da noite e ainda estava claro.

Fomos parar em Steward, ainda no Canadá, quase chegando ao Alasca. Víamos montanhas gigantescas, poderosas, que me deixaram realmente impressionado. Era uma paisagem inesquecível.

Apesar de estarmos sentindo frio, era verão no Canadá e não pude deixar de imaginar como seria o inverno naquele lugar. Cada vez mais ansiosos para pegar a Alaska Highway, encontramos, numa parada, um americano que também tinha vindo de longe, na Harley dele. Ele ficou bem confuso quando explicamos que tínhamos vindo do Brasil, quase sem acreditar. Pela cara que fez, acho que está pensando nisso até hoje.

Passamos pelo território indígena com totens, o Tahltan Nation, e uma placa que dizia: "Cuidado, ursos". Aquela região canadense é marcante por causa dos lagos bonitos, montanhas altas e cobertas de gelo à distância, além de muita névoa. Depois de um pequeno perrengue para encontrar um hotel, conseguimos descansar.

Quando acordamos, no dia seguinte, faltavam oitocentos quilômetros para chegar à fronteira, e eu ainda não sabia o estado em que se encontravam os pneus do Edinho.

O Google deu a previsão de que teríamos que pilotar por dezoito horas; então, um pouco ansiosos e cansados, decidimos dividir aquele trecho em dois dias.

Chegamos ao Yukon com aquela sensação de que o Canadá não acabava nunca. Foi quando constatamos a situação precária do pneu traseiro do Edinho, que estava na lona. O da frente também não estava bom, mas aguentaria.

Não era um bom lugar para estar com o pneu fodido, pois estávamos no meio do nada, num lugar chamado Destruction Bay — uma passagem bizarra onde venta muito, que ganhou o nome de "Baía da Destruição" porque é assolada pelo mar, que recua e a deixa seca, em péssimas condições. Para você ter uma ideia, da última vez que fizeram o censo, a população daquela comunidade era de 35 pessoas.

Não consegui esconder a minha frustração. Tínhamos nos programado para chegar mais cedo a Anchorage, para poder aproveitar a cidade; e, de repente, nossas prioridades haviam mudado radicalmente, pois teríamos que partir em uma busca improvável, para tentar encontrar um pneu que servisse na moto do Edinho, nesse lugar desolado.

Na próxima cidade, na verdade, um povoado, só tinha um borracheiro e saímos em busca dele. Seu nome era Chuck.

Depois que os locais apontaram a direção do Chuck e o encontramos, ele explicou que não tinha pneu de moto, só de carro. Até tentamos encontrar algum que servisse na moto do Edinho, mas sem sucesso.

O próximo povoado estava a 200 quilômetros e provavelmente não teria pneu de moto, também. Havia duas opções: voltar duas horas e meia ou seguir duas horas em frente. Não importava em que direção fôssemos, nada garantia que encontraríamos o pneu necessário para ele seguir viagem.

O clima pesou, em todos os sentidos.

Trovões soavam à distância. O céu estava cor de chumbo e começou a chover.

Seguimos viagem em silêncio e, para dar mais emoção, passamos por uns trechos muito ruins e perigosos. Enquanto isso, arranjei internet e corri atrás de hotéis na próxima cidade. Tive que convencer a dona do único hotel com quartos disponíveis a deixar a porta destrancada, já que chegaríamos tarde da noite, quando ela já não estaria mais lá. Ou seja, ainda existia o risco de ela não cumprir o combinado, naquelas condições e naquele frio, e não ter lugar para dormir.

Por sorte, ela cumpriu a palavra. Viva o primeiro mundo! Chegamos e encontramos um dos quartos abertos. Conseguimos nos abrigar para continuar com aquele suspense no dia seguinte. O nome do lugar era Beaver, e acordar me trouxe mais dores de cabeça.

O Edinho foi até o único borracheiro da cidade, que informou que não tinha o pneu. Naquele momento, insisti para ele colocar a moto em um caminhão e levá-la até Anchorage, mas ele não quis saber.

— Eu vou pilotando. Vou devagar e vai dar tudo certo.

Ele saiu na frente. Eu fiz o check-out e fui logo atrás.

Para preservar o pneu, o Edinho tinha que andar a 40 km/h, no máximo 50 km/h; lentíssimo... Ou seja, levaria uma eternidade para chegar ao destino. Isso acabou sendo chato, porque, depois da viagem toda, chegaríamos separados à fronteira do Alasca.

Eu só pensava "se esse pneu arrebentar aqui, no frio e na chuva, no meio do nada, vai ser uma merda homérica".

Cheguei à placa "Welcome to Alaska", em letras amarelas bem vivas, sem o Edinho. Parei a moto, saí, e olhei em volta. Que sensação! Uau, eu tinha chegado! Finalmente. Eu não parava de sorrir.

Tentei digerir aquela sensação, daquele jeito que temos de tentar registrar tudo na memória para poder resgatar pelo resto da vida — o ar gélido, as montanhas do cenário, aquele mantra soando cada vez mais surreal. Eu tinha chegado até ali na minha moto, partindo do Rio de Janeiro. Inacreditável!

Quanto tempo fiquei na placa? Sei lá. Só sei que registrei o momento com minha câmera e posso revivê-lo quando quiser. Mais do que isso, pude compartilhá-lo com milhares de pessoas, pelo meu canal.

Minha Pantera Negra me levou pela fronteira sem problemas e, pela localização compartilhada do Edinho, segui a estrada atrás dele, chegando a um vilarejo bem esquisito e indo parar no que parecia uma garagem. O cara lá dentro nem borracheiro era; era um americano que vendia ferramentas, com uma bandeira dos confederados — aquela turma do sul do país, que lutou na Guerra Civil Americana para manter o regime de escravidão. Só que aquele indivíduo tinha uma Harley e — eu juro! — só um pneu.

Adivinha? Exatamente o pneu que o Edinho precisava. Exatamente!

Mas... eu não ia deixar barato. Conforme o cara trabalhava na troca do pneu, eu ia conversando com ele e falando o quanto o trabalho dele era importante. Que graças a ele, o meu amigo poderia continuar a viagem. Que ele era um herói e que o trabalho dele não tinha preço. O cara olhava pra mim e dizia *"Yes! I work hard! Very Hard!"*. E eu, sacana, reforçava, concordando com ele, e dizendo que meu amigo ficaria feliz em recompensá-lo.

Resultado: o cara cobrou do Edinho o equivalente a três pneus! Ele mereceu!

Leia o QR code para assistir ao episódio "Viagem de moto - No Alaska com pneu na lona" no Youtube

---

Meu espírito desbravador encontrou, no Alasca, um lugar perfeito para vir à superfície.

De cara, peguei uma estrada ruim e estranha, que ia de ótima para uma droga, depois virava terra, do nada; então, ficava boa de novo. Era verão, e o sol ardia no rosto.

A paisagem que nos acompanhava era das montanhas de neve. Aquilo era bonito demais da conta. Havia algo de selvagem e inóspito no Alasca, um lugar verdadeiramente diferente do resto dos Estados Unidos. Minha vontade era parar o tempo todo para fotografar.

Uma das paradas que fizemos foi num rio com visual cinematográfico. Nesse passeio, o Edinho quase foi atropelado por um alce, que pulou do meio do mato e cruzou bem na frente dele.

Os perrengues não acabam nunca, nem no final da viagem; então, minha luz de óleo acendeu, o que acabou sendo um alarme falso. Empolgados com o visual belíssimo das estradas do Alasca, encontramos um hotelzinho para descansar.

Outro momento épico no Alasca foi no ar, não na estrada. Decidimos passear num avião superpequeno que decolava da água. Embora o piloto parecesse ter dezesseis anos, fomos assegurados de que o avião era seguro. Recebi um papelzinho para assinar que, em resumo, dizia: "Se você morrer, não é problema nosso".

O cara nos colocou dentro do avião, alguém do lado de fora empurrou ele na água, e o piloto ligou as hélices, explicando que aquele aeroporto para hidroaviões era o maior do mundo, em termos de concentração de aviões, somando centenas.

O curioso era que tínhamos visto na televisão, duas semanas antes, que dois aviões tinham se chocado, matando cinco das quatorze pessoas envolvidas. Isso podia acontecer, porque eles voavam todos perto uns dos outros. Saber disso aumentou um pouco o frio na barriga, mas era pela aventura que estávamos lá.

Quando o avião levantou voo, deu para ver um cenário bem bonito de floresta, montanhas e cidades. Ele voou baixinho, perto do chão, então foi possível ver tudo, incluindo animais selvagens e geleiras.

Foi quando veio o momento mais emocionante: pousar em um pequeno lago no meio das montanhas e cheio de pedras de gelo. O piloto era realmente muito habilidoso. Mas precisou dar algumas voltas para encontrar um lugar melhor para descer. Mas era tão apertado que parecia que não ia dar.

A parte menos máscula foi ter que andar de cavalinho no piloto para não molhar os pés na água gélida quando pousamos. Pelo jeito, ele estava acostumado, calçando botas especiais. Mas, confesso, se não corresse o risco de congelar os pés e ter que amputá-los, preferiria ter ido a pé mesmo.

Enquanto o piloto nos deu privacidade para caminhar por aquelas montanhas rochosas e desertas, e explorar o lugar, veio a constatação de que estávamos no meio do nada. Se o avião decidisse não nos pegar, estaríamos mortos, simples assim.

Caminhamos um pouco pela terra cheia de pedras, de frente para as geleiras, na água. Eu pensava: "uau, que lugar incrível!" — é impressionante a quantidade de lugares no mundo pra gente conhecer. É emocionante a conexão que sinto em lugares com montanhas, como se descendesse de povos que moravam em montanhas centenas ou milhares de anos atrás. Nós nos sentimos pequenos nesses momentos. Humildes.

Uma certeza desabou sobre mim sob aquele céu azul, vendo a água glacial refletir a luz do sol: aquela não era a linha de chegada; era só uma pausa antes da próxima aventura.

AQUELE QUE VOCÊ ALIMENTA

Uma única certeza me acordou: eu tinha chegado ao Alasca. Tempos antes, tinha traçado uma meta simples, que algumas pessoas consideraram loucura: ir até Mendoza na minha Pantera Negra, para um evento de Harley-Davidsons. Peguei gosto e continuei subindo, sem saber se conseguiria. Então, um dia, estava vivendo o amanhã.

Atravessei três continentes e estava lá. Ninguém seria capaz de me parar, agora que tinha feito o impossível.

Eu me levantei, meio grogue. Onde tínhamos dormido?

Ao olhar em volta, não reconheci aquele ambiente. De quem tinha sido a ideia de acampar ao relento, num lugar com bichos soltos e temperaturas imprevisíveis? E onde estava o Edinho?

Eu teria me preocupado com ele, se não estivesse estranhando tanto aquelas montanhas com gelo. Fazia sol, mas eu não sentia nem calor, nem frio. Também não havia vento nem cheiro. A primeira coisa que deduzi foi que tínhamos bebido tanto na noite anterior, talvez para comemorar, que, naquele momento, eu sinceramente me sentia perdido.

A música tomou conta do cenário — uma do Elvis, claro —, quase um aviso para ter cuidado: "Devil in Disguise":

"Você parece um anjo, anda como um anjo, fala com um anjo, mas, eu já me liguei, é o diabo disfarçado."

A sensação de perigo me dominou muito rápido. Era como se estivesse sendo observado. Havia alguém atrás de mim.

Quando me virei, pronto para atacar ou me defender, vi que as montanhas do outro lado eram bem mais verdes. Pareciam vagamente Machu Picchu. Uma sombra cobriu meu rosto e me virei mais uma vez, definitivamente alarmado, para ver que se tratava de uma placa enfiada na areia — areia?

Eu estava na floresta há alguns segundos, não estava?

A placa dizia: Rota 66.

O que estava acontecendo?

Um avião cruzou o céu, deixando um rastro de fumaça branca. Era o hidroavião em que eu tinha voado — quando? Ontem, né?

Então ouvi, alto o suficiente para meu coração gelar, dentro do peito: um rosnar. Dentro da névoa, dois olhos se acenderam.

"Ah, fodeu", pensei. "Estou num pesadelo."

Disso eu tinha certeza, mas o medo era real, e eu não sabia como acordar. E, mesmo sabendo que não havia lógica em temer aqueles olhos, o medo era instintivo, mais forte do que eu, embutido no meu DNA.

De algum lugar distante, vieram berros. Reconheci as vozes da Patrícia e dos meus filhos. Eles imploravam para que eu voltasse, corresse e me salvasse de fosse lá o que estivesse vindo na minha direção.

Da névoa densa e branca, saiu, primeiro, uma pata de pelos curtos, acinzentados, e garras afiadas; depois, o focinho molhado;

então, o rosto de um lobo — cujo tamanho fez minha boca secar e um jato de adrenalina se espalhar na minha corrente sanguínea.

O jeito era correr até acordar, até o pesadelo se transformar num sonho bom, o que raramente acontece. Eu me preparei para voar. Quem sabe não encontrava minha moto esperando por mim? Aí não teria lobo que me alcançasse.

Só que, quando me virei para correr, outro lobo — enorme, de pelos mais escuros e eriçados, lembrando espinhos — deu um pulo de dentro da bruma, na minha direção. "*É claro*", pensei. "Eles raramente estão sozinhos."

Apesar de não querer tirar os olhos das duas criaturas prestes a me devorar, o cenário mudou, ao meu redor. O chão, então seco, como no deserto, rachava; e, dele, erguiam-se objetos estranhos: uma jukebox tocando Elvis, múmias mexicanas e lápides de madeira, com bichinhos de pelúcia acoplados.

Meu coração deu um pulo quando vi uma cadeira de rodas rolando devagar, carregando um lençol jogado fantasmagoricamente. "Tá bom, então." Eu já estava entendendo. Meu cérebro hiperativo, amortecido pelo sono do corpo exausto da estrada, estava jogando, no pesadelo, tudo o que eu tinha vivido até aquele momento.

Os lobos se aproximavam.

A parte do meu cérebro que tocava a playlist do sonho, tipo um DJ do inferno, escolheu The Doors. "*This is the end...*", cantava o finado Jim Morrison, enquanto eu alternava olhares entre o lobo que vinha de um lado e o que vinha do outro. Ambos salivavam, e seus olhos cintilavam de fome.

A história tinha me dito que eu deveria alimentar um dos lobos... mas eles continuavam com fome; e o que não alimentei? Não teria ele passado fome por mais tempo e, um dia, cansado de não receber minha atenção, decidido que uns 95 quilos de Rodrigo malpassado seriam melhores do que nada?

Era possível viver só de virtuosidades? Será que meu erro não era justamente acreditar que teria que escolher um dos lobos? Um lado? Uma direção? Um estilo de vida?

Minha história me dizia exatamente o contrário: eu tinha conseguido ser empresário e motociclista; pai de família e livre; pobre e rico; conservador em alguns aspectos e completamente rebelde em outros. Se minha grande meta era conhecer o mundo inteiro, como isso seria possível, seguindo apenas uma direção? Foda-se! Eu não alimentaria só um dos lobos; e não seria alimento de nenhum dos dois.

Aquele era meu pesadelo — ou sonho? Eu é que tinha que dar as cartas.

Devagar, dobrei os joelhos e estiquei os braços. Se eles quisessem pular e fincar as presas, descolando minha carne dos ossos, a hora era aquela.

Um deles chegou a tocar as pontas dos meus dedos com o focinho. Farejou, olhou intensamente para mim e, por um instante, pensei: "acabou". Então, ele roçou contra minha mão, como quem pedia afago.

Olhei para o outro. Aquele, de pelos escuros, dava mais medo. Para que negar? Eu tinha alimentado o lobo mau também, muitas vezes.

Se ele me atacasse, talvez o lobo bom me defendesse, mas algo me dizia que minha intuição estava correta; eu não estava ali para escolher...

Ele arreganhou os dentes e se aproximou do meu rosto. Senti o hálito quente na minha bochecha e, então, uma única lambida.

"Eu estava lá para domar."

Ele se aninhou contra meu peito e, com os dedos não mais trêmulos, fiz carinho no seu pelo.

Acordei naquele momento, apesar de não querer.

Não, eu não estava na estrada. Já tinha voltado para o Brasil. Havia cochilado no quintal da minha casa, onde meus dois huskies, tão parecidos com lobos, pulavam ao meu redor, querendo brincar. Eu me levantei, sentindo a lombar fisgar um pouco, e dei um sorriso de satisfação.

Mais uma referência ao Elvis, a música que mexe comigo até os ossos. Dá a impressão de um homem voltando de viagem, encontrando a família esperando por ele. "Sim, eles todos vêm me encontrar; braços se esticando, sorrindo com ternura. É bom tocar o verde, verde gramado de casa."

Na música, ele está, na verdade, morto.

Eu ainda não.

Como Elvis, vou descansar um dia, mas, enquanto o dia não chega, vou viver intensamente; e nos meus termos.

EU, MINHA MOTO E O IMPACTO DO CANAL NA MINHA VIDA

Meu primeiro objetivo ao criar o *Eu e Minha Moto* foi apenas registrar essas viagens para mim mesmo. Quem não tem déficit de atenção não entende o quanto isso impacta nossas lembranças. Perguntas simples, tipo "em qual ano nasceu seu filho?" ou "quando você fundou a empresa tal?", são muito difíceis para a gente. Nossa memória é supermisturada, somos péssimos com datas, e eu sabia que, se não registrasse as viagens, muita coisa ficaria perdida por causa dessa deficiência.

Pesquisei ferramentas que me permitiriam armazenar e organizar os vídeos que fizesse na estrada, mas, no final, nada era tão eficaz — e gratuito — quanto o YouTube. Foi assim que comecei a registrar cada trecho, dar uma editada básica e compartilhar no canal. Aí as pessoas começaram a assistir, gostar e comentar.

Isso me incentivou a me preocupar mais com a qualidade daquilo que eu mostrava. Aos poucos, fui me dedicando a aprender mais sobre edição, a fazer roteiros básicos, a mexer certinho no YouTube, para alcançar mais gente; e o canal foi crescendo.

Os depoimentos mexiam muito comigo.

Gente com depressão afirmou que ver o canal ajudou muito em seu processo de cura; gente que decidiu comprar uma moto e viajar.

Nossas viagens, nossa leveza ao falar sobre os lugares que visitávamos e pessoas que conhecíamos estava fazendo uma diferença real para muitos seguidores, e isso me deu gás para continuar.

Só que não são apenas os seguidores que se beneficiavam do canal; o menino rejeitado pela família do pai, que se sentia inferior por ser tão pobre, acabou criando uma vontade muito comum de agradar e, querendo ou não, o canal nutre a parte de mim que sempre quis fazer algum tipo de diferença real para os outros. Então o *Eu e Minha Moto* acabou sendo uma espécie de cura, também, uma forma de criar uma comunidade de pessoas com a mesma sede por aventura e o sonho de conhecer o mundo inteiro.

Gradualmente, fui de um para três vídeos por semana. Considerando que não posso carregar muito equipamento, minhas viagens têm o mínimo de planejamento. Uso apenas uma câmera e gravo o tempo todo na estrada. Tenho muito orgulho da qualidade dos vídeos do canal e das respostas entusiasmadas que recebo dos seguidores.

Uma vez me perguntaram o que eu deixo de mostrar no *Eu e Minha Moto*. A verdade é que mostro 100% do que acontece comigo e com o Edinho. Imagino que algumas pessoas possam até pensar que eu apronto, por exemplo, com mulheres; mas, além de não dar nem tempo para isso, não tenho vontade alguma de aprontar; então, isso também é uma coisa que acho legal esclarecer. O que deixo de fora é mais a minha vida no Brasil, em especial família e trabalho.

Aos poucos, estou me acostumando à ideia de mostrar mais quem eu sou. É claro que, quando alguém cai de paraquedas no canal e comenta coisas como "vida de rico é fácil", eu tenho vontade de explicar que não é tão simples assim, que existe um Rodrigo anterior ao canal, um cara que veio lá de baixo mesmo e foi construindo a vida que tem, hoje, tijolo por tijolo.

Talvez por causa desse lance da grana, eu tenha um pouco de receio de mostrar mais minha vida pessoal. Sei o que é ver um cara rico e pensar: "caramba, deve ser incrível poder viajar, comer o que quiser, ter uma casa bacana, um carro bom e uma moto maneira". Por isso, agora que estou na posição oposta, tenho medo de constranger pessoas mais simples. Por outro lado, acredito muito em alimentar a motivação das pessoas.

> Este livro também é sobre isso: mostrar que é possível mudar sua realidade.

Outra pergunta que às vezes me fazem é se eu queria morar fora do Brasil, por conhecer lugares melhores. Eu me incomodo com muita coisa em nosso país, em especial a violência, mas não acho difícil enxergar o que o Brasil tem de melhor. Embora adore conhecer lugares e pessoas diferentes, não me vejo morando nesses lugares para sempre. Gosto da informalidade, da leveza, do jeito como nos relacionamos uns com os outros, aqui no Brasil; e ainda tenho fé de que nosso país vá melhorar.

Outra coisa que tinha em mente quando criei o canal era o "triângulo amoroso" entre o motociclista, a moto e a estrada. Todo motociclista tem uma relação especial com sua moto companheira.

A verdade é que nosso planeta é pequeno; nenhum lugar é longe demais para você chegar com sua moto. Isso eu teorizava antes de cair na estrada e, a cada trecho rodado, ganho mais convicção de que é verdade.

UMA DESPEDIDA AMARGA

Quando meu pai morreu, aos 75 anos, eu e ele não tínhamos uma relação de pai e filho. Depois de todas aquelas mágoas que colecionei na infância e na adolescência, tendo que passar por um despejo atrás do outro, e de testemunhar minha mãe se virando para nos alimentar, enquanto ele construía uma mansão e deixava a própria família tratar mal seus filhos, eu não consegui mais me apegar.

Desde então, meu pai havia se casado com uma mulher bem gente boa, a Silvia, e tido outro filho, meu irmão mais novo, o Diogo. Mais velho, entendi que, para aquela família, ele foi um pai presente. Eles tiveram uma experiência que eu não tive. Nunca me ressenti deles por isso. Pelo contrário, sempre achei legal que o Diogo tenha tido o pai que eu não tive.

A morte dele foi tão bizarra que, por muito tempo, eu fiquei desnorteado. Aliás, devido ao distanciamento entre nós, eu nem sabia que ele estava tão doente. Há detalhes do quadro de saúde dele que eu só descobri conversando com meu irmão para escrever este livro.

Naquela época, meu pai, além de enfisema pulmonar e câncer, estava totalmente sem grana. Ele tinha uma casa bem pequena, numa cidade serrana. Mas, por conta da doença no pulmão, precisava ficar mais por perto. Então dormia no apartamento do meu irmão. Um cara que teve tudo, perdeu tudo, reconquistou uma parte e, depois, foi atropelado pela vida e morreu na pobreza.

Uma noite, lá pelas onze ou meia-noite, o Diogo me telefonou, desesperado, falando que meu pai tinha morrido lá, no apartamento dele.

— O pai morreu — ele falou. — Vem pra cá.

Eu e meu irmão Luciano saímos correndo para a casa do Diogo, lá no Catete. Quando chegamos àquele apartamento pequeno, uma kitnet, meu pai estava no sofá, morto, com a boca aberta. Um cadáver mesmo, lá no sofá.

A esposa dele chorava, e nós tentávamos nos acalmar, para conseguir ajudá-la e fazer o que tinha que ser feito. Naquela situação, eu soube que meu pai tinha chegado a fazer um plano numa funerária, que acabou sumindo e levando o dinheiro dele; então, tivemos que correr atrás de outra para buscar o corpo. O problema foi que, depois que conseguimos desenrolar isso, tivemos que ficar naquele lugar minúsculo com ele.

Foi uma situação sinistra, porque não tinha para onde fugir. O apartamento era pouco mais do que um quarto e uma cozinha; então, tivemos que compartilhar aquele espaço com meu pai, até os caras chegarem.

O lugar onde meu irmão morava tinha uma topografia esquisitíssima: meio que contornava uma montanha; então, havia um elevador somente para subir até acima da montanha; depois você percorria um corredor estreito por uns cinquenta metros e, só então, chegava ao segundo elevador, que levava até o apartamento, quase como uma escada de elevadores. Por causa disso, os funcionários da funerária não conseguiam levar o caixão até o apartamento.

Precisamos arrumar uma cadeira de rodas no prédio, e eu e meus irmãos tivemos que levar o defunto do meu pai até o carro da funerária. Empurramos a cadeira, coberta por um lençol, até o elevador.

Eu nunca vou esquecer que, quando estávamos levando o corpo dele do sofá para a cadeira, ao puxarmos ele pelos braços, ele soltou uma espécie de berro. Não é incomum os cadáveres fazerem sons. Todo mundo que trabalha com defuntos sabe disso, mas era a última coisa que eu esperava quando estava mexendo no corpo, e aquele som gutural arrepiou todos os pelos do meu corpo. Foi como sentir um cubo de gelo deslizando pela espinha, uma sensação horrível.

No elevador, ainda tivemos um momento constrangedor, porque outra moradora entrou com a gente e ficou olhando para aquele lençol com meu pai embaixo, sem entender nada. Passamos pelo corredor interminável e, finalmente, chegamos até os agentes funerários, que estavam na portaria com o caixão, esperando.

Hoje, talvez, até para me proteger das cenas que ficaram gravadas na minha memória, naquela noite, rio de nervoso falando sobre isso, comparando com aquele filme, *Um Morto Muito Louco*. Mas é claro que foi chocante; uma experiência muito marcante. Eu gostaria que tivesse sido diferente.

O que senti?

Minha mãe já havia partido e, então, eu era órfão. Essa sensação, quando você não tem avós nem pais, é bastante complicada, porque você sabe que, na fila para o caixão, na sua família, você é o próximo.

Diferentemente de quando perdi minha mãe, no entanto, não fiquei enlutado. Era uma tristeza branda, porque... como eu podia sentir saudades do que nunca tive? Alguns dias antes, tinha sido Dia dos Pais, e eu tinha visto tantas fotos e homenagens bonitas nas redes sociais de amigos meus, que sentem a falta dos pais, que me bateu um vazio, por não conseguir sentir saudades. Eu não tinha mais vínculo afetivo. Quase nunca via meu pai, e isso tornou a morte dele, ao mesmo tempo, mais fácil de aceitar e mais difícil de dimensionar.

Não chorei quando meu pai morreu; no entanto, me senti frustrado. Ele podia ter me mostrado e me ensinado muita coisa. Podíamos ter tido tardes de conversas, compartilhado umas cervejas. Ele podia ter formado uma amizade bonita com os netos... Mas nada disso aconteceu. Tudo em relação a ele ficou no limbo do que "poderia ter sido".

Rodando pela estrada, a gente ganha perspectiva. Atravessamos vilarejos extremamente pobres, levantando poeira com nossas motos; comemos alimentos plantados, colhidos e preparados por pessoas que nem imaginam o que há fora daquela cidade; precisamos conviver com a escassez e com a morte; e, a cada quilômetro rodado, eu sentia como se parte do meu ressentimento tivesse ficado para trás.

Certamente cheguei ao Alasca mais leve do que saí do Rio de Janeiro. Mais sábio. Mais otimista.

Lembro da época em que amávamos ir para o sítio dos meus avós e como, aos poucos, paramos de ir, porque percebíamos que éramos tratados como se fôssemos inferiores ao resto da família. Passar tempo na estrada e receber suas lições mostrou-me que eu não deveria guardar mágoa nem ressentimento deles, e, aos poucos, fui me livrando disso também, das sensações ruins do passado.

A vida é curta demais para carregar essa bagagem, ficar pensando em como você deveria ter sido tratado, no que poderia ter dito ou feito. Eu não precisava mostrar que tinha sobrevivido e prosperado, apesar do mal que me fizeram, mas também não tinha que perdoar ninguém de forma teatral.

Decidi apenas seguir em frente,
sem aquela bagagem.

URSO

Uma vez me perguntaram se acredito que os animais tenham alma.

Quem acompanha o canal sabe que, não importa o bicho, eu tento me aproximar. Em centenas de cidades e vídeos, já foram tubarões, lhamas, patos, veados, cachorros, burrinhos, gatos e muitos, muitos outros animais. Tento chegar perto, fotografar, filmar e, quando eles permitem, fazer um carinho. Eu curto bicho pra caramba e acho que o que a gente tem, seja "alma" ou coisa parecida, eles também têm.

Sabe, acredito num deus que não é o das igrejas, da barba, esse deus fantasioso, com regras tão contraditórias e um jeito punitivo de raciocinar, mas acredito muito numa força criadora; em uma força que rege toda a natureza, o universo, nossos corpos, a ciência, os animais e tudo o mais; uma força orgânica que dá sentido e ordem a tudo isso.

Na estrada, é com esse deus que a gente se comunica. É a chuva batendo no capacete, a neve beijando nossa pele, o sol puxando vapor do asfalto. Deus está no rosto das pessoas de todas as cores com quem conversamos. Quantas montanhas, florestas, rios e mares não conheci nessa expedição? É inegável a presença de

Deus nesses lugares, e, em especial, sinto uma presença divina nos animais que os habitam.

Quando estávamos no Yosemite, havia uns quatrocentos ursos naquele local, mas nenhum apareceu. Será que eu não estava pronto? Será que não tinha feito por merecer, ainda?

Não sei se foi mera coincidência que eu só tenha visto um urso nos últimos dias de viagem, chegando ao Alasca.

O Edinho falou:

— Vi um urso.

E, imediatamente, agucei o olhar para a floresta em que estávamos, só eu e ele. Vi algo se mexendo e consegui filmar duas orelhas saindo daquele mar de verde.

O urso, um filhote, ficou de pé para nos cumprimentar. Vimos três ursos, mas só consegui registrar aquele, com a câmera. Onde tem urso filhote, tem uma mãe brava — mas não senti medo. Meu coração acelerou e não consegui deixar de abrir um sorriso. Logo no último momento, bem no final da jornada que os indígenas acreditam ser regido por esse animal. Foi um presente, mas não de despedida.

> Cada vez que chegamos a um destino, sinto
> que é o início de uma nova jornada.

Com a sensação de missão cumprida e puro contentamento, parei para pensar nos momentos que se equiparavam àquele, na minha vida.

Quando fui feliz daquele jeito?

Quando meus filhos nasceram. Quando vendi meu primeiro sanduíche na praia. Quando conseguia transformar uma ideia em realidade. Quando vejo minha filha conquistar seu espaço, como eu conquistei o meu. Quando meus filhos querem andar de moto.

Sabe, as pessoas acham que dinheiro compra felicidade, mas quais dessas experiências eu comprei? Nenhuma. Fui muito feliz em momentos em que não tinha onde cair morto. Fui feliz no meu casamento, no restaurante a quilo.

No Brasil, o que mais temos são provas disso. Nosso país tem muita gente pobre e feliz. É claro que o dinheiro compra conforto e é claro que é impossível ser feliz com fome, mas acumular grana não vai te trazer tanta felicidade quanto ter um propósito na vida, ir atrás dele e saber que você conquistou seu espaço com seu suor.

Tem muita gente milionária e infeliz. Não estou dizendo que dinheiro não é importante. Incentivo a todos correrem atrás de crescimento pessoal e financeiro. Mas dinheiro sem propósito é uma vida infeliz.

Para mim, a felicidade são as experiências, minha família, realizar coisas. Minha vida está chegando ao último ciclo, mas a vida dos meus filhos está começando, e isso me traz uma felicidade indescritível.

Quando algum seguidor compra uma moto, conta que começou a viajar ou que saiu da depressão por causa do canal, isso é felicidade.

Eu tinha rodado milhares de quilômetros com minha moto. Mas, naquele momento, cheguei ao meu destino com uma certeza: ainda tinha muitos lugares para conhecer e muito mais quilômetros para rodar.

Será mesmo que vou conseguir dar a volta ao mundo?

Bom, eu vou tentar.

Um país de cada vez.

DEPOIMENTOS DOS SEGUIDORES DO CANAL *EU E MINHA MOTO*

"Rodrigo! Eu e meu marido somos seus fãs. Seus vídeos nos inspiram! Temos 51 e 53 anos, e amamos a frase: 'Bora rodar enquanto ainda dá'. Esta semana, fomos de Indaiatuba/SP a Curitiba/PR (inspirados em um vídeo seu) e, para completar, fizemos a Estrada da Graciosa. Obrigada!"

Silvane Leite Poltronieri

"Eu e meu pai, que tem 81 anos de idade, somos fãs de seus vídeos, da forma que você realmente mostra o motociclismo. Meu velho, quando jovem, fazia globo da morte no circo do Lambari... e, quando ele vê seus vídeos, é como se também estivesse em viagem! Muito obrigado por proporcionar essa alegria ao meu velho pai! E abraço no Edinho! Aquele velho rabugento, mão de vaca."

harleyinjason

"Oi, boa tarde! Meu nome é Martha. Quero te agradecer por seus vídeos. Minha irmã é autista, chama-se Helena e se tornou sua fã. Assiste direto, o dia todo. Moramos em Tijucas, SC."

Martha

"Bom dia, Rodrigo, beleza? Sou um grande fã do seu trabalho, parabéns! Que Deus lhe dê muita saúde para continuar rodando muito, por muitos lugares, por muitos e muitos anos. Assim posso ir na garupa de vocês, conhecendo este mundão!

Há alguns meses, passei por uma cirurgia e, durante os meses de recuperação, você me ajudou muito a superar tudo isso. Deus, lá em cima, minha mãezinha do céu cuidando de mim e você e o Edinho me levando para passear por aí. Obrigado mesmo!

Você não tem noção do quanto me ajudou e, com certeza, ajuda muitas pessoas postando as viagens de vocês!"

Fábio de Oliveira Delfino

"Eu e meu marido assistimos aos seus vídeos e nos inspiramos nas viagens. Faremos algumas, Deus há de permitir. Você nos inspirou a comprar uma Harley, sério. Compramos mesmo. Começamos nossa aventura ano passado, em fevereiro, quando visitamos a concessionária em Salvador. Fiz campanha, bati o pé, incentivei, e o marido falou: 'você é doida, mô'. Compramos primeiro uma Royal Enfield Classic 350, a Cabulosa. [...] Obrigada por nos inspirar e bora rodar enquanto a gente ainda pode rodar."

Helopinchemel

"Um pouco antes da pandemia, eu adquiri minha primeira HD, uma Fatboy, e veio, então, todo aquele período preso em casa. No início, a frustração era grande, a TV não agradava. Recorri ao YouTube sem saber o que poderia esperar dele e descobri seu canal (o time da 5ª série vai pirar com isso). Isso, de certa forma, meio que amenizou a ansiedade, mas aí veio a inspiração. Troquei a motoca por uma mais confortável para a minha versão de 'doce amada' e agora vou fazer minha primeira grande viagem, eu e elas (moto e garupa), certo de que é possível 'meter as caras' e ir. Só ir e aproveitar. Você gravou seu nome no motociclismo! Parabéns e obrigado por compartilhar suas experiências!"

admilsonjr

"Rodrigo, se eu fiquei emocionado vendo você embarcar a Pantera Negra e fechar a etapa Américas, imagino você! E não é para menos. Você é um exemplo para milhares de motociclistas que amam as duas rodas. Você me inspirou a planejar minha primeira grande viagem. Eu e meu irmão vamos fazer a Rota 66, eu com 55 anos e ele com 52. Iremos realizar esse sonho, de uma viagem de moto, inspirados em você. Pode ter certeza de que Deus tá olhando lá de cima para você e pensando no quanto você é bacana e inspira as pessoas para o bem. Bora para a Europa, que ainda tem chão para você rodar e mostrar para a gente. Obrigado sempre!"

Marcelo Pessoa BH

"Brabos demais seus vídeos. Lembro de procurar vídeos sobre viagens de moto e cair no primeiro vídeo da saga para recuperar a Pantera Negra no Alasca. Brother, desde então me inscrevi no canal e fiz questão de ver o início dessa saga das Américas. Foi demais. Parabéns, cara, você merece, e tenha plena consciência de que inspira muitos de nós a realizar o sonho de cair no mundão rs. É óbvio que estarei na saga Europa, o velho continente [...] Um abraço e boa sorte!"

rafaelmaio9630

"Boa noite, Rodrigo! Sempre tive vontade de retornar a andar de moto! Andava quando era mais jovem, mas motos de baixa cilindrada e sem viagens. Durante a pandemia, assistindo ao seu canal, reacendeu a chama da paixão por motos! Com isso, mesmo depois de anos, muitos anos sem andar, adquiri uma HD Fatboy e, aos poucos, venho realizando alguns passeios, pequenas viagens e me adaptando à moto, porque nunca tinha tido a oportunidade de pilotar uma HD. Enfim, só tenho a agradecer por suas viagens fantásticas, que geraram em mim a coragem para ir em frente e embarcar na minha HD. Um forte abraço."

Ronaldo Mendonça 05

"Rodrigo, seus vídeos me inspiraram a amar cada vez mais a motocicleta e ir além do que a gente imagina. Três meses atrás, fui ao Chile. No começo de 2024, quero ir para o Ushuaia. Sonho em ir para o Alasca. [...] A maneira como você produz os vídeos e fala da motocicleta (Pantera Negra) é cativante demais."

carlospessoa74

"Buscar motivação em outras pessoas pode ser um processo inspirador para que você se mexa e finalmente te impulsione a realizar seu sonho. Para ajudar a nos inspirar, escolhemos pessoas que se destacam por suas histórias de superação e aventuras por esse mundo afora. Você, Rodrigo, motoamigo, com suas histórias motivadoras, sem sombra de dúvidas nos incentiva a realizar sonhos e nos aventurar com liberdade. Hoje, tenho uma HD Fat boy e bora rodar enquanto a gente ainda pode rodar."

Edison Buzzo

"Rodrigão, seu canal mudou a minha vida. Minha não — nossas —, pois a da minha esposa também. Quando vi você passando pelo Atacama com o Edinho, subindo os Andes, rodando pelo Panamá e a América Central, atravessando os EUA e o Canadá, eu me via ali e era ali que queria estar. Começamos a viajar de moto e nossas vidas mudaram. Obrigado pela inspiração e bora rodar enquanto a gente ainda pode rodar. Grande abraço!"

wallaceginicolo

"Tenho 20 anos de casada e, agora, um dos momentos mais esperados para fazermos juntos em casal é assistir às suas aventuras, nos divertimos até. Aqui você já faz parte da nossa família. Aguardamos ansiosos pelos seus vídeos e, agora, também pelo seu livro. Sucesso para você!"

anagouvea82

"Vou confidenciar uma coisa a você: durante a pandemia, fiquei meio que em pânico e me senti extremamente incapaz. Falava muito para minha esposa que, se tivesse uma moto, iria sair pela estrada somente para respirar ar puro e sentir a liberdade que nos foi tirada. Não tinha condições e comecei a assistir seus vídeos. É fato que hoje tenho uma motinha e, apesar de não ter como viajar da forma que você faz, fico imensamente feliz de acompanhar vocês em suas aventuras. Ainda não consegui fazer parte de um dos encontros de motos que você realiza, devido ao trabalho, pois trabalho aos sábados, mas espero realizar meus sonhos e esse é um deles. Boa sorte com seu livro. Deus abençoe suas viagens e sua família."

sergioluistst

"Eu me chamo Carlos Rocha. Sou servidor público, morador de Atibaia/SP. No início da pandemia, fomos surpreendidos com o diagnóstico de câncer da minha esposa. Imagine você, num período em que as pessoas não podiam sair de casa para quase nada, eu e minha esposa íamos pelo menos três vezes por semana ao hospital. A imprensa não falava em outra coisa senão nos números alarmantes de internados e falecidos. Minha distração eram os canais do YouTube, em especial o seu.

Lembro-me do início da sua viagem pela América do Sul, salvo engano Mendonza, na Argentina. Naquela ocasião, eu não tinha moto! Fiquei cada vez mais instigado pelas suas aventuras acompanhado do Edinho. A Estrada Real foi um capítulo à parte. Ficava ansioso pelo episódio seguinte. Enfim, hoje minha esposa, Giselle, está bem, graças a Deus. Voltei a motocar. Não o tanto que queria, em razão dos compromissos, mas o suficiente para sorrir e agradecer pelo dom da Vida. Tenho uma Tiger Rally 900. Sua história de vida é marcante, eu me emocionei ao assistir uma entrevista sua. Tenha certeza de que suas aventuras me ajudaram a atravessar o período mais nebuloso da minha vida. Espero poder encontrá-lo em Caxambu e agradecer pessoalmente."

Carlos Rocha

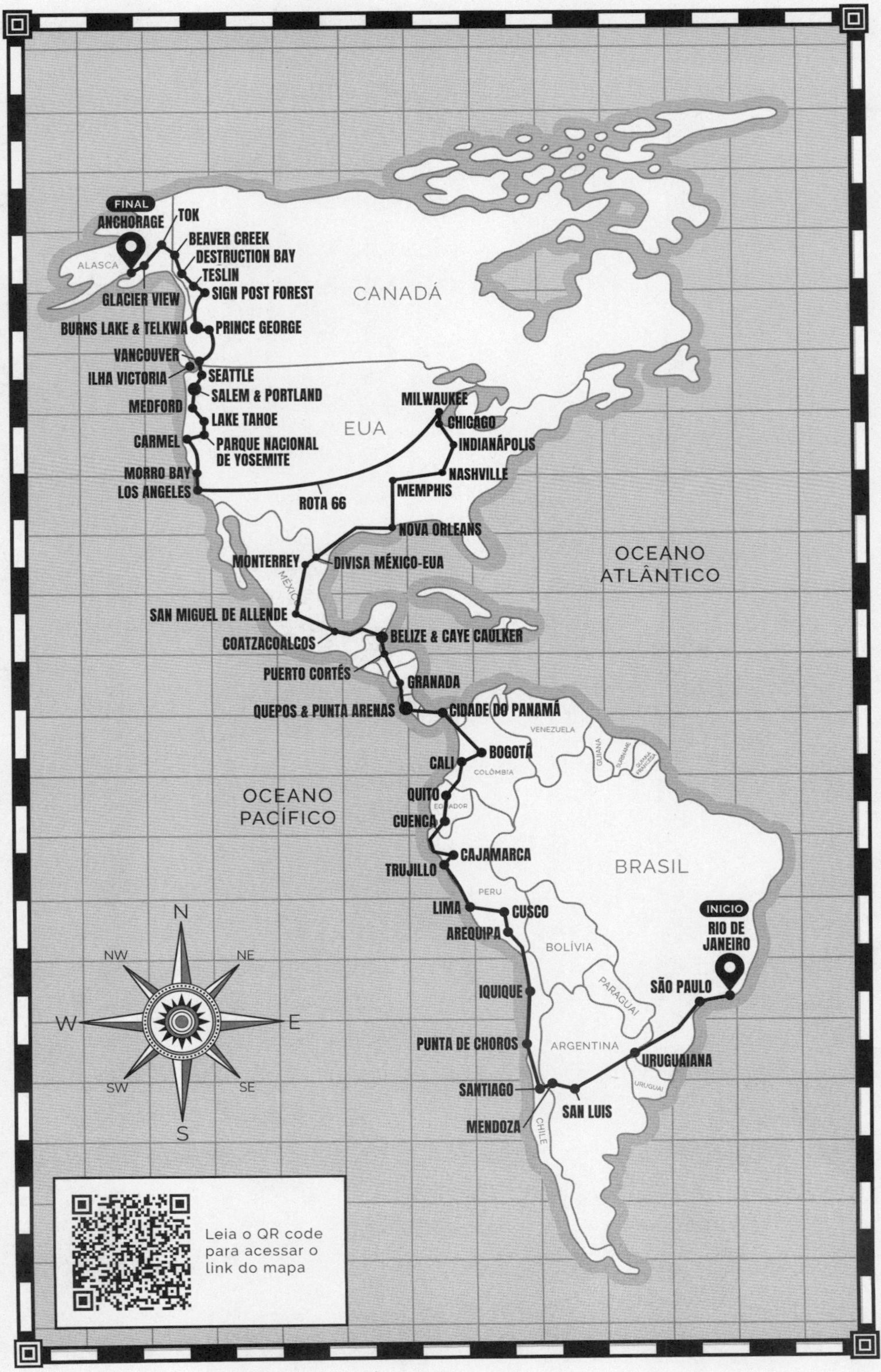

Leia o QR code para acessar o link do mapa

FONTE Utopia Std
PAPEL Pólen Natural 80g/m² e Couché fosco 115g/m²
IMPRESSÃO Paym